從上帝已死、超人到永劫回歸，
鍛鍊生命力的**66**個尼采哲思，
讓心變強大的終極解方

尼采哲學
超圖解

每日5分で学ぶ
史上最強の哲学「ゼロ」
からの教え！
ニーチェの哲学見るだけノート

富增章成 Akinari
Tomasu ──── 審定　謝敏怡 ──── 譯

質疑，
就是哲學的開始

　　恕我冒昧請問，你人生當中最重要的事物是什麼？跟家人相處的時光、成功的事業、個人的總資產額、網路社群的追蹤者人數……回答應該形形色色，但每個答案都有它不可取代的獨特性。

　　尼采約莫於一百八十年前誕生、一百二十年前逝世，他挑戰了當時人們重視的傳統價值觀。尼采批判基督教的道德觀，認為基督教會削弱現世人們的力量。另一方面，他也否定科學的根本假設，他表示人們會採用對自己較為有利的解釋，因此真理根本就不存在。尼采的理論以「上帝無意義，科學也無意義，所以絕對可信的東西也沒了」為核心概念，他最有名的一句話就是「上帝已死」。

　　奇妙的是（或者說是必然？），現今的日本可以全盤相信的事越來越少。這應該是因為人們追求多元的生活方式，各種不同立場的先行者傳播資訊，結果使得「一定要這樣」的共識消失了吧。而強烈認為必須要有一份穩定的工作、一定要致富的人，的確越來越少了。

沒有絕對正確的解答時，就表示我們必須自己尋找答案。大家各自推導出來的答案，應該就是我開頭提到的「人生的重要事物」。不好意思前面鋪陳有點長，簡單來說，當代人閱讀尼采的好處就在於，尼采的哲學是幫助自己尋找人生答案的「最強助手」。尼采會針對你內心模稜兩可的答案提問：「那真的是你自己想出來的嗎？」「會不會只是對脆弱的自己避而不見？」而且還會從後面推你一把，「你要更積極點，肯定自己的人生。」

　　另一方面，你找到的答案，會不會扼殺了自己的可能性？你會不會覺得「這樣就可以了」，只是滿足現狀？或是覺得「自己這樣不行」，過分貶低自己？而尼采的哲學能顛覆既有認知，讓理所當然不再理所當然，相信一定能帶來啟發，讓你的人生激起火花。

Contents

Chapter 01
尼采的哲學到底在說什麼？

Chapter 02
自己想法的邏輯從何而來？

Chapter 03
道德，真的正確嗎？

Chapter 04
如何擺脫厭世感？

Chapter 05
改變一生的正向練習

Chapter 06
尼采哲學的生活應用

Chapter 07
重返尼采的人生，理解大師思想

孤高的哲學家

出生於牧師家庭

因健康惡化，辭去大學教職，成為民間學者

1844 〉 **1869** 〉 **1879** 〉

24歲成為巴塞爾大學的教授

尼采的一生

即便尼采精神錯亂了，其後他的著作仍獲得社會的讚賞

這本書的內容原來是這樣，講得真好。

1885	1889	1900

自費出版《查拉圖斯特拉如是說》40冊，贈送給友人

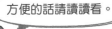

方便的話請讀讀看。

55歲辭世

理解尼采哲學的

找到大方向

喔喔喔，
將心性提升
到極限！

不僅限於尼采，想理解哲學家的思想，
重點就在於抓到其理論的大方向。尼采
是個鼓吹鍛鍊心性的哲學家，鼓勵大家
無論身處何種情況，都要肯定自我。尼
采的哲學激勵了許多人，鼓舞大家重
新審視自身思維和身處的文化，鍛鍊自
我，以堅毅的態度迎接未來。將一般的
哲學概念放在一旁，試著全心全意感受
尼采的思想吧。

原來尼采經歷
了這些啊。

Point 2 了解尼采的一生

雖然尼采教導我們不要輸給苦難，但尼
采的一生其實充滿波折，歷經父親離
世、病痛纏身、工作受挫、失戀、孤
獨⋯⋯相較於人生順遂的人，經歷這些
苦難的尼采所說的話，更能引發共鳴。
閱讀第七章〈重返尼采的人生，理解大
師思想〉，透過了解尼采的生平經歷，
近距離地來認識尼采不好理解的哲學。

四大訣竅

Point 3　抓關鍵字

尼采哲學的關鍵概念，有很多光看字面就非常吸引人。一旦理解尼采的思想，如「超人」、「永劫回歸」、「奴隸道德」、「虛無主義」等等概念，應該會為你的人生帶來巨大的影響。而從你有興趣的關鍵字深入了解，是個不錯的方法。這些關鍵字彼此巧妙串聯，構成了尼采的哲學，是紮實理解尼采哲學的第一步。

Point 4　理解自己的內心

有些哲學理論很重要，必須好好理解。有些哲學理論適合擷取其核心概念，應用在日常生活中，而尼采屬於後者。當然，正確且快速地理解尼采的理論很重要，但仔細閱讀，一點一滴吸收尼采思想的精華也很好，不是嗎？尼采花費一生的時間，將自己的哲學具體化。因此，用心去感受、體會，可以說是學習尼采哲學最好的方法。

尼采的代表作
與關鍵字

尼采留下許多著作給後人，其思想隨著時間有所變化。
讓我們來比對看看，尼采付梓於世的作品與關鍵字。

著作

《悲劇的誕生》
《不合時宜的考察》

關鍵字

酒神精神
反基督
奴隸道德
主人道德

《人性的，太人性的》
《曙光》
《歡悅的智慧》

關鍵字

視角
虛無主義
權力意志

《查拉圖斯特拉如是說》
《善惡的彼岸》
《論道德的系譜》
《偶像的黃昏》
《反基督》
《瞧，這個人》

關鍵字

怨恨
積極的虛無主義
超人
末人
永劫回歸

輕鬆了解尼采的哲學！
閱讀本書的方法

閱讀第一章，掌握了尼采思想的概要後，透過第二章到第五章，慢慢來了解尼采哲學理論的細節。第六章是實踐篇，最後的第七章將同時回顧尼采的一生及其哲學。

好，開始讀尼采吧！

START

第一步先掌握整體樣貌。

Chapter 1
尼采的哲學到底在說什麼？

掌握整體

Chapter 2
自己想法的邏輯從何而來？

Chapter 3
道德，真的正確嗎？

Chapter 4
如何擺脫厭世感？

Chapter 5
改變一生的正向練習

從關鍵字攻略！

解讀關鍵字

Chapter 6
尼采哲學的生活應用

試著具體想像。

日常應用

Chapter 7
重返尼采的人生，理解大師思想

了解我的人生經歷，更能理解我的思想！

了解尼采

01

Chapter

?

尼采哲學超圖解
鍛錬生命力的
66個尼采哲思

尼采的哲學
到底在說什麼？

先對尼采哲學
有個概略的認識。

尼采留給後世的哲學概念，有許多艱澀難懂的用語，不好理解。
所以我們先以關鍵字為基礎，粗略地掌握尼采的思想。而細節會
於後續章節補充，有不了解的地方也沒關係。

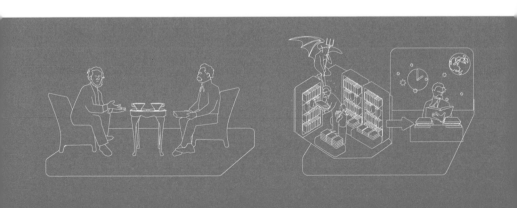

肯定人生的尼采哲學

有「肯定的哲學」之稱的尼采哲學，正好為信仰貧乏的現代人帶來許多啟發。

哲學的英文是「Philosophy」，源自於希臘文，是由「Philos＝愛」和「Sophia＝智慧」這兩個字所組成。如字面所示，哲學有「愛好智慧」的意思。自古以來，哲學家絞盡腦汁，不斷思索著我們所生活的世界，「人為何而活？」「真理為何？」「有邏輯地思考看看」，而尼采一輩子都在探討「活著的意義」。他不只分析了個人的問題，也運用其分析能力，重新定義了社會、人的特質和成長過程，勾勒出未

哲學到底是什麼？

來理想生活的樣貌。雖然尼采是距今一百年前的歷史人物，但是他所提出的理想生活態度，從現代的角度來看極具啟發。相較於一百年前的人們，活在當今社會的現代人，對尼采的主張應該更有共鳴。尼采的哲學又稱為「**肯定的哲學**」，在這個容易失去生存目標的時代，你一定可以從尼采自苦難中孕育出的哲學裡，找到肯定人生的啟示。

尼采的哲學是肯定的哲學

02 懷疑既有的想法

尼采用尖銳的字句，對作為當時社會基礎的基督教，提出了反對意見。

作為探索活著意義的哲學家，尼采對社會所認定的理想生活態度提出質疑。當時的歐洲有許多虔誠的基督徒，因此「越脆弱，越能得到救贖」、「行善便可上天堂」、「愛你的鄰人」、「犧牲自我是美德」這類想法根深蒂固。但尼采認為，基督教的道德觀會削弱人類的生命力。對此，尼采提出 **上帝已死**，拋出了震撼彈。當時正值科學蓬勃發展的時代，人們開始質疑基督教的教義。尼采提出激進的言論，

基督教的「善行」，真的是對的嗎？

越脆弱，越能得到救贖。

行善便可上天堂。

幫助他人。

犧牲自我很偉大。

基督教的思想

這樣真的好嗎？

主張人們必須拋棄舊思維，切換到新思維。對篤信基督教的人來說，尼采的言論恐怕相當驚世駭俗。畢竟，放棄作為心靈寄託的宗教並非易事。但尼采所提出的激進言論，並不是為了傷害基督徒。他認為，為了讓大家在今後的時代活得更美好，激進的言論是必要的，因此將作品公諸於世。

為了活出精彩而否定

03 質疑「理所當然」

?

尼采指出，一般人所相信的道德，會阻礙我們活得堅韌有力，是社會結構性的問題。

現代社會容易將輕鬆賺大錢，或是隨心所欲利用權力視為壞事。另一方面，認為長時間勤奮工作是好事，且天真、順從是理想特質的人應該不少。大部分的人可能認為，就算沒有權力，只要誠實，這個人就非常了不起。但尼采認為，這種道德觀是弱者為了肯定自己，而捏造出來的東西。因為弱者沒辦法輕鬆賺錢，或是掌握權力，因此建構出這樣的道德觀：將有能力做到的強者，視為「壞人」，然後認為自己

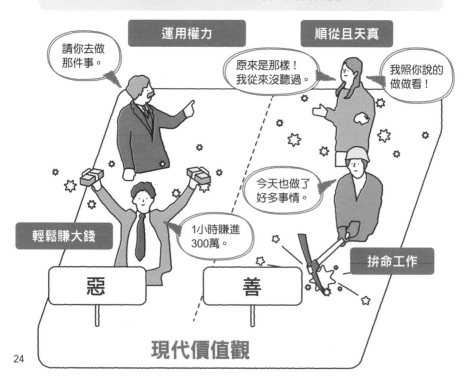

你的善良，也許只是軟弱

運用權力

順從且天真

請你去做那件事。

原來是那樣！我從來沒聽過。

我照你說的做做看！

今天也做了好多事情。

輕鬆賺大錢

1小時賺進300萬。

拚命工作

惡　　善

現代價值觀

「深藏不露」。尼采將這種道德觀命名為「**奴隸道德**」。而那是認為自己絕對贏不了強者的人，為了保護自己所創造出來的道德。尼采認為奴隸道德阻礙了我們，讓人無法活得精彩。但尼采之所以發表了讓許多人反感的理論，是為了大家的幸福著想。因為他深信，根除奴隸道德，能夠讓人活得積極向上。

改變想法，人就會變得更強大

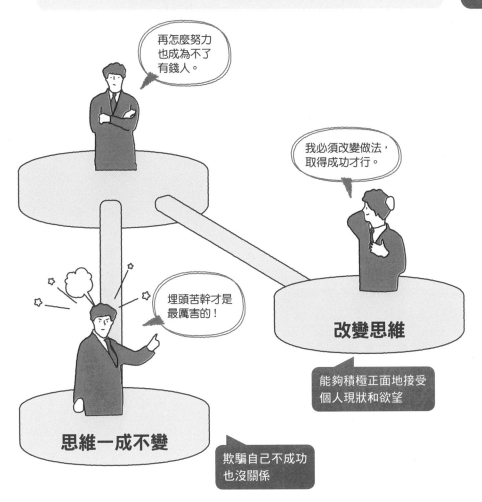

懷疑，是走向哲學的第一步

人們多半只從自己的角度來看事情。因此，察覺到這個特性，是學會自我肯定的第一步。

請試著想像一下，你從遠處用不同的角度觀察某個東西。從自己所在位置看過去，那東西可能像個四邊形。不過，那真的是該物品的真正樣貌嗎？從不同的角度來看，東西可能有洞，或看起來很立體。從正上方看過去，也可能看似三角形。這麼理所當然的概念，思考問題時卻容易遭到忽略。「絕對的真理」、「所有人都應該追求的目標」、「出社會必備的常識」等等，這些東西真的存在嗎？尼采認為，世界

不同角度，就會呈現不同面貌

看起來像△。

是□。

那東西有洞。

看起來像是這樣…

上不存在絕對的唯一真理，我們只不過是站在不同的立場，看到不一樣的面向。尼采認為，沒有放之四海而皆準的真理，以前的人只是希望真理存在而已。而尼采將每個人立場不同的概念，命名為「**視角**（遠近法）」，並警惕大家不要被自身立場所束縛。他主張，在未來無法相信上帝絕對存在的時代，千萬不要盲信世上有外在於自身的絕對存在。

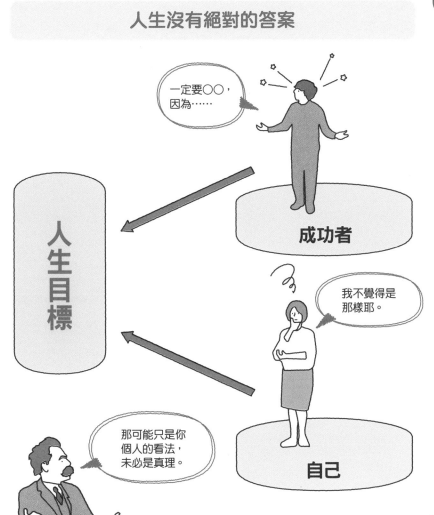

人生沒有絕對的答案

現代社會生病了

逝世於1900年的尼采預言道,沒有絕對真理可信的時代,將於兩百年後到來。

尼采批判了基督教的道德觀,但基督教的世界觀,其實原本就隨著科學的進步逐漸崩解。另一方面,尼采也指出,科學是人們憑著渴望真理的欲望,所創造出來的東西,因此科學也沒有意義。尼采主張,無論是宗教還是科學,今後絕對可信的東西會全部消失。但絕對可信的東西消失,對人類來說並不全是好事。畢竟,上帝、道德、真理,這些都是讓人繼續活下去的人生指引。而認為「行善便可上天堂」、

信仰讓人感到安心

「這是有道德的善行」、「世上存在應追求的真理」，某種程度上可以說為人指引了人生方向。相反的，一旦人失去了可信的東西，就會失去目標，不知道該往哪個方向前進，最後失去活著的力氣。尼采將這樣的狀態稱為「**虛無主義**」。尼采預言道，兩百年後，虛無主義將越來越盛行，人類最後會失去目標和氣力。

現代是沒有信仰的時代

我這麼努力究竟是為了什麼…

GOAL

這裡並不是終點

完全提不起勁。

我看我放棄好了。

我到底該往何處去？

06 重新審視人的本質

想在虛無主義的時代生存下來，靈活運用內在的力量非常重要。

尼采預測了社會變遷的大趨勢，他除了指出問題之外，也告訴我們如何在虛無主義的世界生存，提示就是「**權力意志**」。尼采認為，所有的生命都具有「追求永無止境地擴張與增強的意志」，也就是「擴張力量的意志」。生命會無意識地不斷擴張自身的力量。即便嬰兒自我意識並不明顯，也會為了讓身體長大而討奶。同樣的道理，人會為了得到更多而追求勝利，以獲得更強大的權力為目標。而追求成長與成

人在什麼時候會充滿幹勁？

我打敗了他。

那是我的大樓。

我想變得更強！

勝利

權力

權力意志

成長

我學會這首曲子了。

成功

那個人好厲害！

功，也都是源自於想增加自身力量的意志。因此，只要活用權力意志，人就可以活得生氣盎然，但有時也會遇到權力意志遭到抑制的時候。比方說，基督教的**清貧**教誨，就抑制了追求力量的意志。或者，明明想要提升自己的力量，卻靠著貶低對手來抬高自己，那就是忽視自己的權力意志。想在虛無主義的時代活得精彩，關鍵就在於運用權力意志。

捏造價值，會削弱活下去的力量

基督教的道德觀

想上天堂，就要活得淡泊樸素。

雖然我想要成為有錢人，受人歡迎。

抱怨工作

那種工作，就算成功也沒有意義。

其實我也想要成功。

那傢伙憑什麼獲得讚賞？

07 這才是人類的目標

?

在虛無主義達到極端的世界，唯有能夠為自己創造生命意義的人，才有辦法活得精采。

請試著想像一下，生活在全然虛無、無事可信、難以找到人生意義的社會，是什麼樣的感覺。在「做好事就會得到回報」和「這樣做就是好人」等標準答案完全消失的世界，會讓人無所適從。而失去幹勁、缺乏活下去動力的人應該會越來越多。因此，在虛無主義即將達到極端的未來，理想的標竿便是尼采所提倡的「**超人**」。超人不受宗教、道德、常識和**既定概念**所束縛。在一切都沒有價值的虛無時代，超人

能夠為自己的價值觀而活的人最強

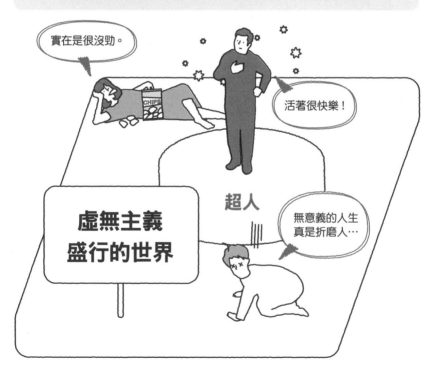

實在是很沒勁。

活著很快樂！

虛無主義盛行的世界

超人

無意義的人生真是折磨人⋯

能夠自己創造出價值。注意，人們容易把「超人跟聖賢、天才和英雄」等概念混淆在一起，但尼采在其著作《瞧，這個人》中指出，超人跟這些人物形象完全不同。現在我們既無法成為超人，在虛無主義尚未達到極端的現代社會當中，也很難去想像超人長什麼樣子。因此現代人能做的，就是以「超人」作為目標，努力找出生命的意義。

自己創造活著的意義

08 ❓ 改變人生的思想實驗

無關個人意願，如果人生不斷重複，我們有辦法肯定自己的人生嗎？

尼采想了一個方法，用來測試我們能不能在虛無到極點的世界，積極正向地活下去，那個概念就是「**永劫回歸**」。尼采在世時，**馮‧邁爾**（Julius Robert von Mayer）等人所提出的「**能量守恆定律**」，剛好是當時最新的物理學理論。能量守恆定律假設，在孤立系統中，能量的總和不變，尼采以此理論建構了永劫回歸的概念。首先，我們把宇宙想作是沒有開洞的撞球檯，並假設球不會因為摩擦而停下來，會不斷

事物必然不斷重複？

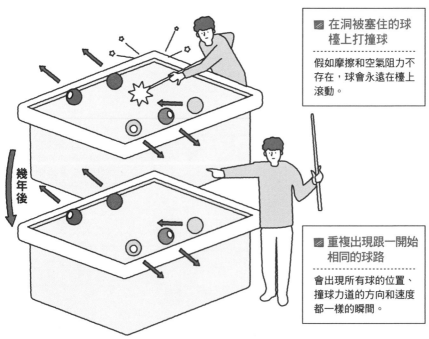

☑ 在洞被塞住的球檯上打撞球

假如摩擦和空氣阻力不存在，球會永遠在檯上滾動。

幾年後

☑ 重複出現跟一開始相同的球路

會出現所有球的位置、撞球力道的方向和速度都一樣的瞬間。

地滾動。球檯上的球永無止境地相互碰撞、滾動，但只要用夠長的時間來觀察，應該可以發現球徑一模一樣的瞬間。當球徑「一模一樣」，只要沒有從外部施加力量，後面的球徑應該也會相同。尼采認為，宇宙是原子和能量的聚合，因此人生也會無限次地重複。無關自己的意志，一模一樣的人生不斷重演。面對不斷重複的人生，你是「願意接受」，還是「堅定拒絕」？尼采認為這個提問，能夠判斷人能否在虛無主義的世界積極地活下去。

請想像一下不斷重演的人生

09 ❓ 尼采哲學的特色

尼采留下許多充滿詩意和啟發的著作,他的文章充滿能量,解讀時必須格外留意。

尼采不僅思想別具匠心,其著作的構成方式也有別於其他哲學家。一般哲學書籍都很重視邏輯的推演,比如以「問題→方法→邏輯→結論→實踐」的方式,小心謹慎地建構理論,以免自己的主張遭讀者誤解。然而,尼采的著作既沒有推演,也不合邏輯,而是匯集隻字片語,以「**格言體**」的方式組成。尼采的文章整體連貫性差,讀起來像是語錄,但只要仔細閱讀,便可以發現各個主題都有關聯。假如一般

一般哲學是系統性的

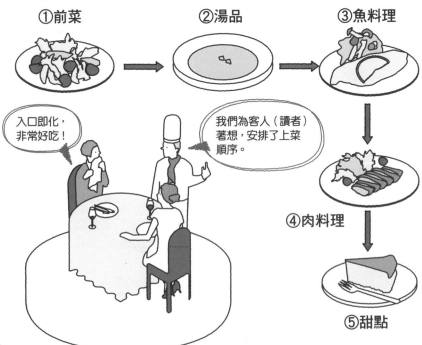

①前菜　　②湯品　　③魚料理

入口即化,非常好吃!

我們為客人(讀者)著想,安排了上菜順序。

④肉料理

⑤甜點

的哲學書是法式料理的全餐，尼采的著作就像是琳瑯滿目的百匯自助餐。如同可以自由選擇的百匯自助餐，裡面有義大利麵區和甜點區一樣，自由奔放、有脈絡性。就像「對體系的渴望，是不誠實的表現」這句話所呈現的，尼采可能覺得井然有序的內容「看起來很可疑」。尼采的文章結構很打動人心，但是在閱讀他的著作時，必須小心，避免曲解文章內容。實際上，尼采的哲學就曾經遭到納粹扭曲濫用。

尼采的著作有如百匯自助餐

尼采的經典名言①

去尋找零吧。
什麼？你在尋找？
你這傢伙想讓自己
強上十倍、百倍嗎？
你在找弟子啊？
給我去尋找零吧！

《偶像的黃昏》

可能因為「權力意志」驅使我們不斷追求力量，人總是希望別人對自己刮目相看。每個人或多或少都會出現這類的想法，「希望現在的自己看起來是個了不起的人物」、「希望後輩覺得我很厲害」、「想成為讓自己感到自豪的人」。然而，越是希望別人看

我的「零」在哪？

得起自己，越是看不清自己真正的樣子。因為為了讓別人覺得自己很厲害，就必須偽裝自己。「亮眼的業績」、「在一流企業工作」、「畢業自名校」等等，對自己未擁有的東西在意得不得了。但尼采不喜歡被虛構的價值觀所束縛。過去業績佳，在一流企業上班，從名校畢業，那又怎樣？這跟想讓自己看起很厲害，而在部下和後輩前擺架子沒有兩樣。架子擺得再大，自己也不會因此就發生改變。如果金玉其外，敗絮其中，總有一天會被人看破手腳。

　　重點在於理解真實的自己，而不是讓自己看起來比實際還厲害。你是不是被「必須讓自己看起來很強」的幻想給限制住了？是不是對「做不到就太丟臉了」的看法深信不疑？那樣的想法，會讓自己原本擁有的力量逐漸消失。尋找自己的「零」，把所有經年累月的既定概念通通打破吧！想一想，自己的情緒會在什麼時候愉悅高亢？只要知道自己的零在哪，就會湧現出無限的力量。

尼采的經典名言②

你走上你的偉大之路：
在你的背後
已不再有退路，
必須以此鼓起
你的最大勇氣。

《查拉圖斯特拉如是說》〈第三部〉

你對自己的選擇充滿自信嗎？是否因為挫折，而放棄了原本想走的路？是否因為結婚生子，就覺得「這就是自己應該扮演的角色」，而放棄了夢想？雖然人活著，總會遇到不得不妥協的情況，但有時明明不需要放棄，卻對自己說「我不行了」，選擇逃避。

沒有退路，
才能面對挑戰！

可是那個障礙，真的是無法攀越的高牆嗎？試著想想看，那是不是內心建構出來的高牆？說不定根本不需要放棄，因為通往夢想的道路並未中斷，依舊可往前邁進。

　　尼采說，沒有所謂的絕對。每個人會從各自的立場來解釋事物，因此不存在絕對正確的解釋。人們總是很輕鬆就說出來「絕對」這兩個字，但尼采當頭棒喝地告訴我們，「絕對」根本不存在。如果沒有退路，就拿出勇氣往前進吧。看似絕對無法跨越的高牆，只不過是幻想罷了。因為根本不存在所謂的「絕對」。如果打從心底相信尼采，「沒有退路」會為你帶來破釜沉舟的勇氣。消除你的恐懼吧！拿出勇氣，讓自己充滿幹勁！跨越高牆後，可以看到改變人生的美麗景色。

02

Chapter

尼采哲學超圖解
鍛鍊生命力的
66個尼采哲思

自己想法的邏輯
從何而來？

你跟別人所看到的，
完全是不一樣的東西。

尼采的「視角」理論，跟過去西洋哲學所建構的概念截然不同。它顛覆了看待事物的常識，注入新的觀點，能幫助我們尋找「人該怎麼活下去？」的答案。

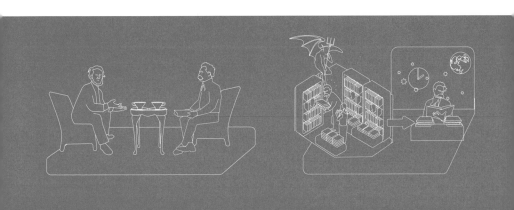

01 挑戰理性的極限

傳承了蘇格拉底精神的理性主義，似乎是現代社會最合理的思考方式。但尼采剖析了理性主義的問題點。

身為哲學家，尼采探究了「人該怎麼活下去」這個問題。針對這個哲學提問，歐洲很早期就有問題意識，並累積出淵遠流長的智慧與邏輯。古希臘哲學家蘇格拉底認為，透過正確的思考，日積月累就能找到真理。他認為，只要擁有豐富的知識，並以理性做判斷，就能得到一般人觸不可及的完美答案。因此，蘇格拉底反覆詢問別人「什麼是○○？」而試圖尋找出真理的背後，就是依循著上述的邏輯。另一方

蘇格拉底式的思考方式

發生A時，會導致B呀。

達到了極致！

知識

如果做出客觀判斷…

理性

真理

正確地思考，能引導人走向真理。

蘇格拉底

面，透過與他人的對話，試圖尋求真理的方法稱為「辯證法」，而讓辯證法提升到另一個層次的，是德國哲學家**黑格爾**。由於某個意見的存在，就代表有其他與之互斥的意見，因此黑格爾認為，兩個對立的意見彼此論辯，會比解決兩者所產生的矛盾，引導出更好的意見。這種只要正確思考就能找出答案的**理性主義**思維，似乎也很適合當今的我們。不過，尼采則是藉由**批判蘇格拉底**，來測試理性的極限。

黑格爾式的思考方式

人可以透過辯證法不斷進步。

黑格爾

市民也需要自由！

立場A

對立

立場B

君主制是正統的政治體制。

成長

以共和制，作為政體吧！

人有辦法全然理性嗎？

立場C

尼采

02 矛盾的力量

尼采認為，遵循本能有時恐怕會帶來毀滅性的結果，但接受這個事實相當重要。

《悲劇的誕生》是尼采26歲時所撰寫的作品。尼采當時深受**叔本華**的著作《作為意志和表象的世界》的影響。叔本華主張，所有的生物都具有「**盲目的生存意志**」，由此產生「想吃」、「想看」、「想問」等欲望。然而，世界的資源和時間是有限的，我們的欲望常常無法得到滿足，因而產生痛苦。雖然尼采《悲劇的誕生》是以希臘悲劇為範例，但從內容可以發現他深受叔本華的影響。在書中，尼采將人類理

人具有永不滿足的非理性衝動

叔本華

人有「盲目的生存意志」。

想吃更多！

已經沒了…

現象（有限的世界）

性、有秩序的面向稱為「**太陽神精神**」，近乎狂亂的生命情感面向命名為「**酒神精神**」。酒神精神，也可以想作是「本能＝盲目的生存意志」。尼采評道，人因為具有酒神精神而發生悲劇，但希臘悲劇的英雄也肯定了那個面向，認為那是「人類的本能，是人類力量的泉源」。因此，尼采主張，不要只關注理性的面向，願意接受人類與生俱來的本能也很重要。

肯定生命力的尼采

希臘悲劇

活著就是如此。

啊啊！這真是太美好了！

這樣做就對了。

我醉到神智不清了…

享受藝術。

看我毀了這一切！

酒神精神
→感性、狂熱

太陽神精神
→理性、秩序

03 「真理」存在嗎？

尼采認為世上不存在絕對的真理。他的思想風暴，可以說是從這裡開始颳起旋風。

誠如尼采對蘇格拉底的批判所示，尼采在《悲劇的誕生》否定了藉由理性可以得到真理的看法。其後，尼采雖然持續致力於創作，但因健康惡化，於是辭去了巴塞爾大學的教授職位。而毫無約束的生活，彷彿讓尼采徹底顛覆了過去的思考方式。在那樣的時空背景下，尼采完成了《人性的，太人性的》一書。在該書中，尼采不只批判了理性主義，同時也主張世上不存在應當追求的客觀真理。過去人們認為，世

過去的思考方式

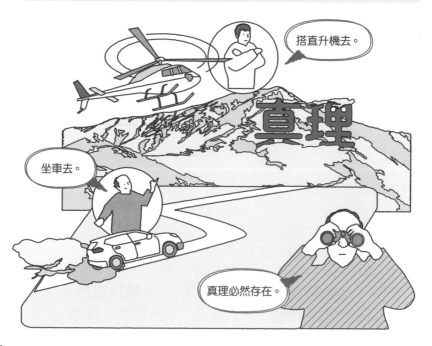

上必然有「絕對存在」的真理。即便方法百百種，只要用正確的方式不斷探求，一定可以找到真理。現代人們也常常認為，世上存在著「理想的人生」、「絕對的正義」、「人應當追求的真理」，但尼采主張，那種放之四海而皆準的「**客觀的真理**」並不存在。尼采最後與叔本華和華格納分道揚鑣，建構出自己獨具創意的思想。

尼采的思考方式

04 人依循欲望來行動

尼采認為，「人的言行舉止受到理性的控制」是錯誤的想法。

由於人的本性使然，尼采否定了客觀真理的存在。人經常覺得自己做出了理性的判斷。比方說，認為「路邊攤的拉麵很好吃」、「長髮很好看」、「這隻狗好可愛」，是有合理根據的見解。像是「在特別的環境下吃飯，吃起來特別美味」、「比起短髮，大部分的女性適合長髮」、「狗很親人，所以很可愛」，一般認為判斷背後有其依據。但尼采指出，我們認為的理性判斷，其實只不過是**欲望的展現**，因為

人對事物各有不同的感受

我好嚮往長髮。

路邊攤的拉麵看起來很好吃。

你明明很適合短髮。

總覺得很難走進店裡。

我被狗咬過，狗很可怕。

狗好可愛！

「這樣判斷讓我心情好」。換言之，「覺得好吃讓我心情好，所以判斷那東西好吃」、「我正在減肥，沒辦法吃，而且覺得難吃讓我心情比較好，因為判斷那東西難吃」，就像這樣，欲望影響了我們的判斷。即便再怎麼有邏輯地說明，再怎麼有根據，其背後都是個人欲望驅動了行為。尼采表示，即便高舉真理旗幟的人，其實也只是展現了「想相信真理存在」的欲望而已。

人依據欲望進行判斷

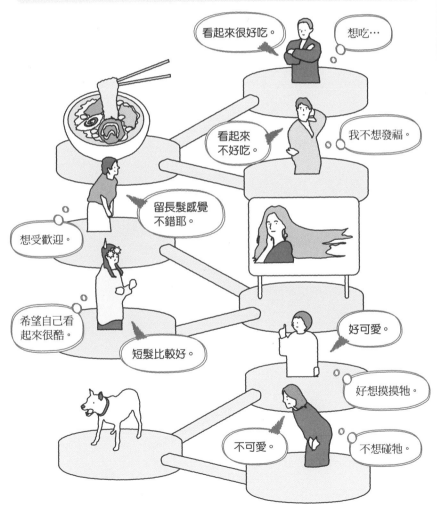

05 立場不同，見解不同

人只能從自己的立場來判斷事物，而自身的立場，則是建構自與生俱來的「權力意志」。

人依據權力意志進行判斷，這代表稱得上「客觀」的東西根本不存在。比方說，對不吃米飯的生物而言，人類認為的「米飯」，連食物也不是。肉食性的貓咪，摸了摸米飯後，應該會覺得「這玩意兒白白黏黏的」。對用顯微鏡才看得到的細菌來說，米飯是「適合繁殖的溫床」。對生活在水中的魚兒而言，米飯是「完全無法理解的東西」。所以「白飯不就是白飯嗎？」這種自以為的道理根本不存在。也就是

絕對真理並不存在

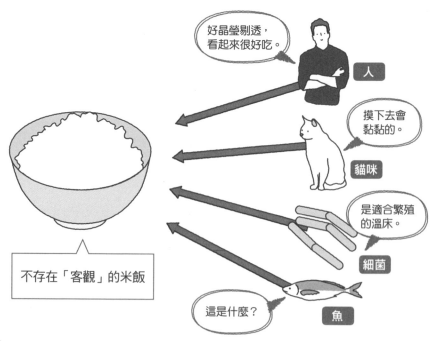

好晶瑩剔透，看起來很好吃。

人

摸下去會黏黏的。

貓咪

是適合繁殖的溫床。

細菌

這是什麼？

魚

不存在「客觀」的米飯

說，適用於所有人的**絕對真理並不存在**。尼采指出，欲望影響判斷，而欲望的背後則是「權力意志」。雖然每個人都有「擴張力量」的權力意志，但擴張力量的方式卻有個別差異。例如，擅長電腦的人，為了發揮自己的實力，會「想要一台新電腦」。但是不熟悉資訊科技、對其他事物有信心的人，應該會覺得「電腦這東西有了也沒意義」，否定其價值。權力意志無疑影響了我們的判斷。

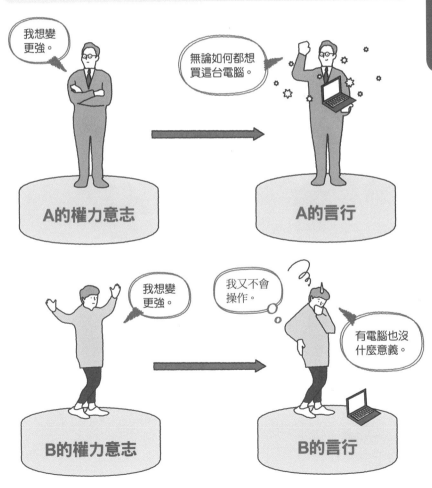

「權力意志」影響人的看法

我想變更強。

無論如何都想買這台電腦。

A的權力意志

A的言行

我想變更強。

我又不會操作。

有電腦也沒什麼意義。

B的權力意志

B的言行

06 以自我為中心的世界

看起來再怎麼有邏輯的人，也會受到權力意志的影響。這可能很討人厭，但人的天性就是如此。

人只站在自己的立場思考，尼采的視角概念直接了當地呈現了這個現象。尼采以此理論為依據，在《人性的，太人性的》一書中，徹底探究了人類惹人厭的地方。人只能從自身的視角來看事情。喜歡的東西看起來就是「好東西」，不喜歡的東西就是「壞東西」。就像是近的東西看得一清二處，遠的東西看起來模糊不清一樣，我們的大腦認為，跟自己息息相關的東西才重要。人的**利己主義**，就是源自這種偏

跟自己越相關，就越重要

盡是壞人

他人

追求這些只是浪費時間

沒興趣的東西

好人

家人

興趣

美好的事物

對社會來說是重要的事

這些是重要的事物。

拿手好事

頗的看法。然而，任何意見的背後，都有著「想擴張自身力量」的權力意志。就像是「對自己的外表很有自信，所以主張外表很重要」、「對自己的個性很有自信，所以主張個性很重要」等想法，尼采認為任何言論，都充滿著利己主義，覺得自己最重要。就像這樣，尼采以精闢的論點，點出大家都隱約察覺到的事情。

看法的背後是「權力意志」

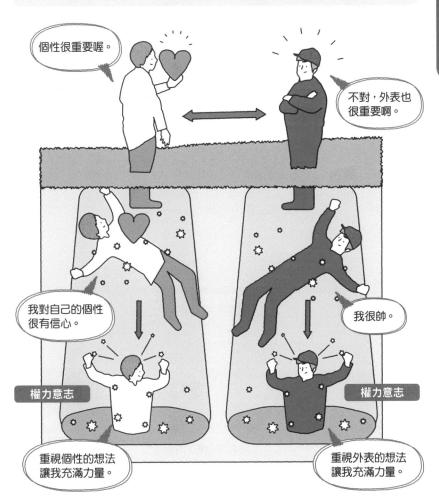

個性很重要喔。

不對，外表也很重要啊。

我對自己的個性很有信心。

我很帥。

權力意志

權力意志

重視個性的想法讓我充滿力量。

重視外表的想法讓我充滿力量。

07 愛抱怨的背後

抱怨和自我嘲諷這些閒話家常的背後，也隱藏著深層的心理意涵。

在《人性的，太人性的》一書中，尼采討論到的心理現象，不只有利己主義。他也說道：「同情之所以成為弱者和苦惱者的**自我慰藉**……是因為他們發現，同情可以讓一個權力去折磨另一個權力。」比方說，之所以跟別人抱怨，希望博取對方同情，是因為想讓自己沉浸於有能力博取他人同情的喜悅當中。尼采分析道，想影響他人、希望更受矚目的權力意志，促使人抱怨和自我嘲諷，以獲取他人的同情和關

抱怨是博取同情的工具？

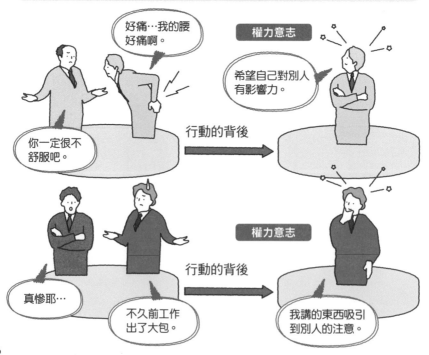

心。有時也會出現「像我這種……」謙虛的發言，這時最好反思一下，那是不是尼采所說的，「為了吸引別人的注意，而**炫耀自身的不幸**？」另外，尼采也指出，貶低他人的背後，隱藏著「我才是最厲害」的心理。雖然很難想像，我們會為了讓自己占優勢而貶低他人，但無法完全否定這個可能性。這可以說是人類恐怖的地方，卻也是尼采分析的精闢之處。

貶低他人都是自身欲望所致

這種新事業會失敗喔。

一般人不會這樣做啦！

不可以那樣做。

換句話說…

我比較厲害。

希望別人更了解我。

希望更引人矚目。

權力意志

權力意志

權力意志

08 提防同情

在思考如何活下去時，重點在於不要削弱自己的生命力。用尼采式的分析法，重新審視自己平時的言行吧。

雖然尼采指出，我們會為了吸引目光、影響他人行為，試圖博取他人的同情心，但他的意思並不是「不要為了滿足自己而博取他人同情」，也並非呼籲「要為了他人而行動」。他只不過是在探討人的本性而已。尼采甚至說道，因為太在意別人的想法而抑鬱寡歡，這實在太荒謬了。他也嚴厲地指出：「**憂鬱症**⋯⋯有些人因為同情或顧忌他人而罹患憂鬱症，那時所湧現的同情就是一種病。」尼采想說的可能

尼采全面否定同情

真慘⋯

真可憐，我也感到難過⋯

我好痛苦⋯

把關注放在我身上。

內在　外在

過度同情他人是一種病。

尼采

是，自己受到權力意志的影響，為了擴張力量而博取他人同情就算了，但受到這個想法主導而同情他人就太愚蠢了。換句話說，把心力消耗在跟自己不相關的事情上，很不正常。關鍵就在於，確認平時言行，跟自己本來的樣貌是否一致。明明想「擴張力量」，彰顯自己的權力意志，卻為了博取他人同情而裝弱，會使自己離理想越來越遠。

修正自己的言行

每天都覺得好痛苦…

想要成為眾人矚目的焦點。

平時的言行 ← **本來的自己**

咦…真的好痛苦。

南轅北轍

尼采

理想與現實的落差

裝弱博取同情，會讓行為跟真正的想法不一致，要多留意。

09 「悔不當初」是錯誤認知？

假設一切都有因果關係，並不正確。不需要對過去的事情鑽牛角尖。

依據「視角」的概念，如果看法會隨著立場不同而改變，那麼對過去的解讀也沒有正確答案。人很容易覺得「當時如果那樣做就好了」。但會那樣想，就是因為我們覺得世上一切都有**原因與結果**，也就是相信因果關係的存在。不過對尼采來說，那也是天大的誤會。在《權力

因果關係只不過是牽強附會？

一般的思考方式

我跌倒了。

腰好痛。

原因 → 結果

尼采的思考方式

原因① ？
原因② ？
原因③ ？
原因④ ？
原因⑤
腰好痛。

結果

尼采

把知道的兩件事情硬湊在一起，尋求因果關係，是為了讓自己感到安心。

意志》一書中，尼采指出：「發生了某件事，然後人嚇了一跳、感到不安，因而尋求看似靠得住的已知事物來做解釋。」由於想讓自己感到安心，所以硬是從已知事物中找出原因。例如，光想「那個時候跌倒，所以現在腰很痛」很簡單，但實際上要找出真正的因果關係並不容易。畢竟除了跌倒之外，「壓力」、「生活習慣」等等原因也可能會引發腰痛。就算回到過去，自己沒有跌倒，也很難說一定不會出現腰痛的問題。所以木已成舟就別再耿耿於懷，事情過了就讓它過去吧。

不要對已發生的事感到後悔

不好的例子

當時如果那樣做就好了…

小心不要跌倒。

現在 ⟶ **過去**

尼采的思考方式

我沒跌倒！

唉，腰好像有點痛…

過去 ⟶ **現在**

就算解決了你認為的原因，也未必能迴避不好的結果。
所以，不要再對過去的事情耿耿於懷了。

尼采

沒有事實，只有詮釋

站在自己的角度思考事情不全是壞事，甚至可以說是生存的必備條件。

看待事物的方法有三個共同點。第一是，認為「自己的看法優於他人」。我們容易覺得「那傢伙根本什麼都不懂」、「我說的才是對的」。只要權力意志使我們不斷「想擴張力量」，我們就很容易認為自己比較厲害。第二是，「看法因人而異」。我們大多站在自己的立場看事情，所以同一個東西，每個人各有不同的解釋。第三則是，「無意識地覺得自己的想法獨一無二」。我們以為大家的看法都相

人對自己的看法充滿自信

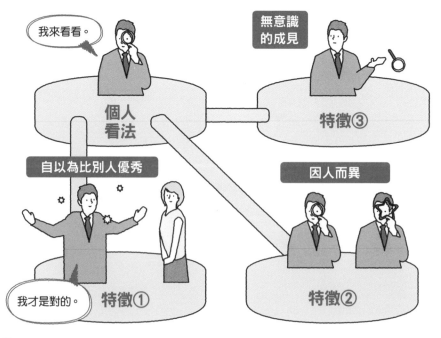

我來看看。

無意識的成見

個人看法

特徵③

自以為比別人優秀

因人而異

我才是對的。

特徵①

特徵②

同，因此自己是主流意見時，就會覺得「那傢伙為什麼連這個也不知道？」相反的，若自己是少數意見，就會認為「為什麼大家都不懂？」而這類無意識的成見，容易引發衝突和摩擦。但是就某種意義上來說，正因為能夠相信自己所認同的價值，人才有辦法活下去。因此尼采主張，採取具有價值判斷的「視角」思考方式，是**生存的基本條件**。

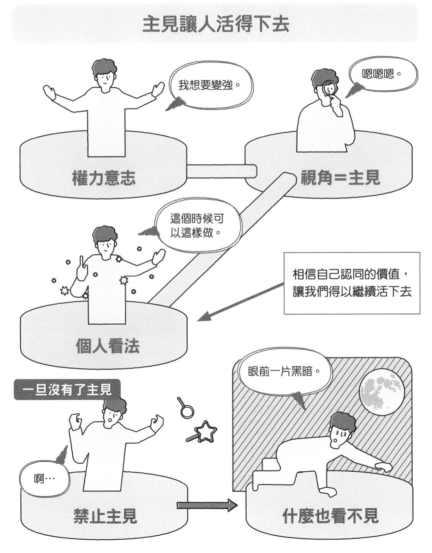

主見讓人活得下去

我想要變強。

嗯嗯嗯。

權力意志

視角＝主見

這個時候可以這樣做。

相信自己認同的價值，讓我們得以繼續活下去

個人看法

一旦沒有了主見

啊…

禁止主見

眼前一片黑暗。

什麼也看不見

尼采的經典名言③

人類的宿命。
能進一步深入思考的人，
他們很清楚，
無論自己採取何種行動、
做出何種判斷，
全都是錯的。

《人性的，太人性的》

　　認為自己想法是對的人，大多愛操心。畢竟，只要從個人立場出發，任何行為和判斷，都沒有絕對正確的答案。因為那個「正確答案」，或多或少都會受到個人偏頗的價值觀和自卑感所影響。但若未能發現這點，就會無法接受自己的意見與他人發生分歧。

我還是喜歡
義大利車。

「明明我的意見才是對的！」這話尼采聽了很有可能
會嗤之以鼻，甚至揶揄道：「正確？是誰決定的？」

此外，人真的有辦法做出正確的選擇嗎？所謂
「正確的」選擇，真的存在嗎？尼采對我們提出這樣
的疑問。畢竟，自己覺得正確的事物，會不會只是主
觀的誤解？而做自己相信是對的事，會不會只是因為
有油水可撈，所以才那樣做？

這裡並不是說「誤解」就是不對的。正因為誤以
為「這就是正確答案」，人才有辦法活下去。明明不
存在正確答案，但是正確答案就像是一樣米養百樣人
般，人人各有解讀，這是人類有趣的地方。人類的宿
命，是不是就是每個人朝著各自的正確答案（或不正
確的答案）邁進？另一方面，如果能肯定自己沒有正
解的人生，或許反而更接近正確答案。

尼采的經典名言④

哦，孤獨啊！
我的故鄉孤獨啊！
你跟我說話的聲音
是多麼快樂而溫柔。

《查拉圖斯特拉如是說》〈第三部〉

知識吸收得越多，世界就越廣闊。不僅彷彿去了不曾去過的地方，也能熟悉過去不知道的事情，不出門也能行天下。但精神應歸屬於何處？如果遮蔽所有的資訊，我們有辦法回到原本的歸宿嗎？該怎麼做，才能擁有童年般的純真美好？

尼采說，孤獨才是故鄉。他說道，拒絕他人賦予

一個人的時間
最讓我放鬆。

　的價值觀，推掉看似親切的邀約，你就可以聽到溫柔
且幸福的聲音。現代有多少人能夠回到自己的故鄉？
總是滑著手機的我們，以網路資訊來判斷是非，而且
比誰都還要害怕失敗，這樣的我們有辦法忍受孤獨
嗎？

　　至少不囫圇吞棗地接受他人意見，是有效的。聽
到別人的意見時，記得進一步思考，對方意見的真實
性，以及對方有何居心。其中，最困難的就是，不被
看似合理的常識和論調給騙了。即便內心一點也不同
意，一旦被「貌似逼真」的言論拐走，就會不知不覺
改變想法。

　　在資訊爆炸的時代，想要保持自我，守護「滿溢
著幸福和溫柔的孤獨」，好好面對排山倒海而來的資
訊很重要。

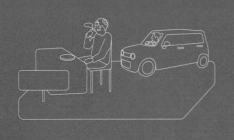
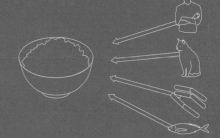

03

Chapter

尼采哲學超圖解
鍛鍊生命力的
66個尼采哲思

道德，真的正確嗎？

大家說不定會覺得「要溫柔待人」、「一味追求自身幸福很要不得」等道德感，是孕育自人類的良心。但尼采認為，這類道德感，是人類為了忽視自己的弱點，所創造出來的東西。

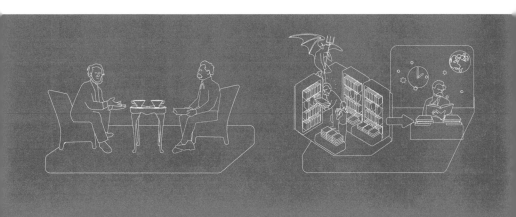

01 道德倫理是源自於偏見嗎？

看似理所當然的道德和行動規範，其實也是建構自「視角」的概念。

尼采提出了「視角」的概念，即「解釋事物的方式因人而異」。人人都想「擴張力量」，以權力意志為基礎解釋事物。因此，即便是同一件事，每個人的解讀也可能不一樣。同樣的道理，尼采認為**道德（＝倫理、行動規範**）也是由視角建構而成的。比方說，針對「疫情之下，口罩究竟要戴到何時？」這個問題，不同國家有不一樣的答案。像日本，外出時必須戴口罩。但也有國家重視個人自由，不戴口罩。

道德取決於視角

疫情之下，口罩要戴到何時？

日本
外出時一定要戴口罩。

海外
我們有不要戴口罩的權利。

不同的文化與權力意志

針對「該怎麼做才能幸福快樂？」不同國家從自身立場出發，提出不一樣的解釋。當然，根本沒有道德和行動規範的對與錯。舉例來說，用當代的道德觀來看，以下克上風氣盛行的戰國時代，看起來可能相當殘忍。然而，跟現代人一樣，戰國時代的人也是依據權力意志做出判斷。那個判斷結果，為世道所接受，成為根植於當時社會的道德。

正確的道德並不存在

力量就是正義。

請坐。

戰國時代

現代

想以下克上，實現自我。

讓社會更美好，享受多采多姿的生活。

權力意志

權力意志

環境塑造道德觀。沒有所謂有道德的行為。

02

以自己有利的方式思考，心情會比較愉快？

面對無法承受的現實，人會採取對自己有利的價值觀，甚至成為約定成俗的「道德」。

一般來說，人出於良心的行動於社會扎根，形成了道德和行動規範。然而，雖然有的道德和行動規範是源自人們的行動，但有的則是因為「採取該行動讓我覺得心情愉快」等理由，而為眾人所接受。在人類創造出來的道德當中，尼采將會引起「**價值翻轉**」的道德和行動規範視為問題。價值翻轉指的是，人因為痛苦，而顛倒**善惡**。由於權力意志讓人「想擴張力量」，因而採取行動。然而一旦成果不如預期，人

權力意志有時也會帶來痛苦

A 普通男性

我是冠軍。

恭喜！

我想擴張力量、自我成長。

權力意志　　現實

我這樣真的好嗎？

覺得自己沒出息，難以忍受

心情

就會感到莫大的痛苦。如果只是遇到一些挫折，還有機會再起，但再怎麼努力也無法擴張力量時，我們內心就會無法忍受沒出息的自己。

一旦人被逼到走投無路，就會想辦法逃避。權力意志明明讓人覺得「強大就是好」，但如果再怎麼努力也沒有勝算，我們就會改變想法，「輸了也沒關係，只要穩紮穩打就好」。甚至貶低強者，「那麼厲害實在是太不公平了」，使價值發生反轉。

走投無路時，人就會顛倒價值

03 弱者對強者有莫名的怨恨？

人會對比自己強的人心懷怨恨，這個特質也影響了道德。

弱者常常把強者視為壞人，這個價值翻轉的現象不僅發生在個人身上。其實，我們無意識所形成的道德，也發生了價值翻轉。比如，「不用工作，年收入就有2億日圓，開高級進口車」跟「每個月加班20個小時，年收入300萬日圓」，你對哪個人的印象比較好？我們應該會覺得「年收入2億日圓的人好討厭」吧。但如果是家電產品，大家都會挑功能好的，可是遇上強者時，就會突然心生厭惡，真的很怪

哪個人看起來是好人？

・年收入2億日圓。
・所有收入均非勞動所得。
・開高級進口車。

・年收入300萬日圓。
・每個月加班20個小時。
・無車族。

A

B

A感覺就是會去做壞事。

B看起來很誠懇。

異。尼采運用「**怨恨**」的概念，說明了這個現象的成因。怨恨源自於法文ressentiment，意思是「對遙不可及的人所產生的怨恨」。受到權力意志的影響，以「擴張力量」為人生目標的人，對財富和權力遠遠勝過自己的人，感到忿恨不滿。然後發現自己怎麼也贏不了對方時，怨恨值就會飆升，轉而認為「那傢伙一點也不厲害」。人人都有怨恨的情緒，但有些道德和行動規範卻是建立自怨恨。

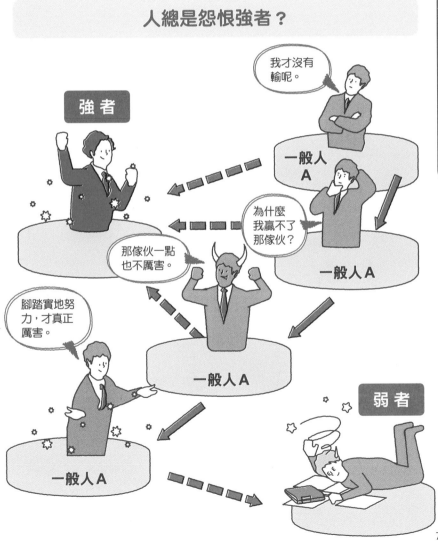

人總是怨恨強者？

04 弱者的道德，平庸者的藉口

有些人會塑造「虛構價值觀」，以此作為道德來否定強者。

弱者要否定強者，不是只靠吹捧強者缺乏的特質，來貶低他們。有時還會創造出不符合現實的「**虛構價值觀**」，引發價值翻轉。這對強者來說是相當麻煩的事。例如，那些對學霸、考100分的人懷抱怨恨者，會用「陰沉的書呆子」、「除了念書什麼都不會」、「只會考試」等等沒有根據的理由來貶損對方。不僅如此，有時甚至會創造出虛構的價值觀，像是「只會念書，是無法在社會上生存的」，藉由否定對方

以虛構的價值否定強者

來保護自己。這些**幻想**，看起來似乎很合情理，容易為眾人所接受。尼采認為「行善在死後可以獲得救贖」、「人的內在比較重要」、「工作不是一切」等等言論，都是對今生的成功、外表、工作沒有自信的人，所創造出來的「**弱者道德（＝奴隸道德）**」。雖然沉浸在那種道德當中，內心或許可以獲得平靜，卻會因此失去成長的機會。這是尼采相當戒慎恐懼的事。

「死後的世界」是幻想

人行善，在死後的世界可以獲得救贖。

工作不是一切。

人的內在更重要。

宗教

內在價值論

平等主義

那我不必重視外貌，也不用工作了。

這樣真的好嗎？

05 尼采討厭基督教？

尼采批評作為歐洲道德基礎的基督教，主張它是誕生自怨恨的宗教。

尼采出生於牧師家庭，於37歲時創作了《曙光》，43歲時寫了《論道德的系譜》，他有許多著作都在批判基督教的道德。（但尼采並未否定耶穌本身，而且他對基督教的解讀也有部分誤解。另外，尼采認為，對基督教的發展而言，批判是必要的。）尼采之所以批判基督教，是因為他認為基督教的根源存在著怨恨。基督教的創立，繼承了**猶太教**教義。尼采將走過苦難歷史的猶太人，評為具有「**僧侶式的價**

尼采批評的基督教

不要只顧著自己，要與他人分享。

謝謝。

你要愛鄰人。

優待弱者

貧困、疲乏、煩惱的人有福了。

值判斷」的民族。因為尼采認為，有別於認為強大就是好的「**貴族式的價值判斷**」，從基督教愛鄰人的教誨中可以看出「對非我族類也要親切以待」的傾向，而這樣的價值觀是為了否定強者。尼采認為，「貧困、承受病痛、煩惱的人有福了」、「人背負著原罪」、「汝應愛苦難」等教誨，都是源自於對強者的怨恨。姑且不論尼采主張是否正確，他的確貫徹了**反基督思想**。

06 忍耐是美德，還是軟弱？

尼采認為，「這些苦難都是你自己造成的」原罪思想，使基督教普及化。

雖然尼采反基督，但是他在某種程度上，認同**禁慾主義**的本質是「生命的防衛本能」。由於財富和權力的集中，使得弱者和強者之間不得不對立，一方被迫成為弱勢，因此弱者重視「**鄰人之愛**」和「同情」也是無可奈何。痛苦時，「相互扶持共勉之」，互相幫助是很正常的事。尼采反而認為，基督教會鼓吹弱者接受苦難，才是真正的問題所在。在重視「鄰人之愛」的階段，強者和弱者之間仍為對立關係。因

弱者尋求救贖也是無可奈何

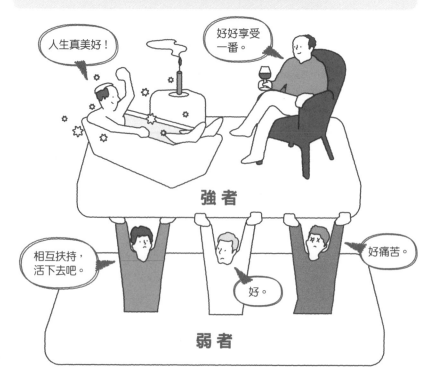

人生真美好！

好好享受一番。

強 者

相互扶持，活下去吧。

好。

好痛苦。

弱 者

為弱者認為「強者是壞人，為別人付出的自己是好人」。然而基督教「人生來有罪」、「你應該要背負苦難」的教誨，卻告訴弱者，應該怨恨的對象不是強者，而是自己。比起「受到他人的折磨而感到痛苦」，人比較有辦法忍受「自己害自己感到痛苦」的情況。尼采指出，基督教會這樣操作，確保了自身的地位。

禁慾主義是新的支配結構

07 強者肯定自我

道德分為否定強者的「奴隸道德」，以及肯定強者的「主人道德」。

一般認為道德孕育自人的良心，是維護社會安全的智慧結晶。但尼采主張，道德源自於人類的「**群體本能**」。群體本能指的是，為了維護共同體，人會將共同利益擺在個人本性之前。因此，若人們覺得該道德觀對維繫共同體是必要的，就會為社會所接受。尼采指出，道德並非由良心所創造，而是因為有好處，所以道德才會出現並獲得維護。

尼采認為，在基督教式的奴隸道德普及社會之前，強而有力的支配者

支配者自行決定善惡

所具備的「**主人道德**」較為普遍。身為強者，支配者將個人行為定義為善行，反之視為惡行。強者將自己的氣質和行為視為「善」，如「有能力，也有自信」、「積極且主動」、「健康且性慾很強」、「奢侈鋪張且殘忍」等等，肯定忠於權力意志的自己。而認為「弱者才是好」的奴隸道德，和主人道德的差異就在於，對自身權力意志的態度是肯定還是否定。尼采認為，主人道德才是人類本來的道德觀。

奴隸道德和主人道德的差異

主人道德

強而有力。

自由且正面。

活著真美好。

善 　→　 權力意志

奴隸道德

脆弱。

溫和。

謹慎。

必須壓抑自己。

善 　→　 權力意志

08 「迎合世人眼光」使人扭曲

不知道是否存在的價值觀,不僅束縛人們,也會在現實世界狠狠奪走人們的生命力。

「死後的世界」、「靈魂不滅」、「上帝的救贖」,尼采批評這類背離現實的宗教要素,是在捏造「**背後世界**」。背後世界指的是,有別於現實世界,「看不到摸不到的世界」。尼采斷言道,大部分的宗教和過往的哲學家,之所以主張「存在絕對真理」,只不過是覺得「那樣想比較幸福」。比如,聽到有人對你說「行善可以上天堂」,的確會因此想為了他人而付出。然而,利他的行為未必能帶來幸福。尼采

強加的價值觀使人痛苦

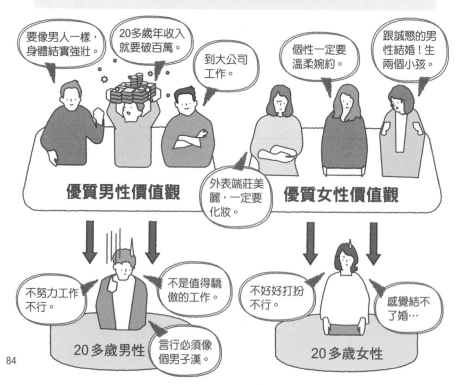

要像男人一樣,身體結實強壯。

20多歲年收入就要破百萬。

到大公司工作。

個性一定要溫柔婉約。

跟誠懇的男性結婚!生兩個小孩。

優質男性價值觀

外表端莊美麗,一定要化妝。

優質女性價值觀

不努力工作不行。

不是值得驕傲的工作。

不好好打扮不行。

感覺結不了婚…

20多歲男性

言行必須像個男子漢。

20多歲女性

認為，與其遁逃到虛無縹緲的背後世界，不如接受現實，好好鍛鍊自己才是重點。另一方面，相信別人施加於自己身上的「虛構價值觀」，以為「這樣做就可以得到幸福」，也可以說是「背後世界」的一種。在不久之前，社會普遍相信「進到大公司工作就是幸福」、「結婚就是幸福」等價值觀。然而，工作和結婚未必能得到幸福，甚至可能會帶來壓力，使人感到痛苦。「背後世界」絕非幸福的保證。

人的滿足感跟「背後世界」無關

09 「絕對價值」的崩塌

近代科學主義的發展，使基督教的背後世界崩解，虛無主義的
腳步聲漸近。

「只要行善，就可以前往上帝的國度，上天堂」、「上帝按自己的樣
貌創造了人類」、「擁有上帝樣貌的人類所居住的地球，正是宇宙的
中心，宇宙星體以地球為中心運轉」等等，這些都是根基於基督教的
世界觀。比尼采的時代更久遠之前，許多人都將這些視為理所當然。
然而，讓這些變得難以相信的事情發生了，那就是現代化伴隨而來的
「科學進步」。當時，提倡日心說的伽利略被視為異端，他在審判時

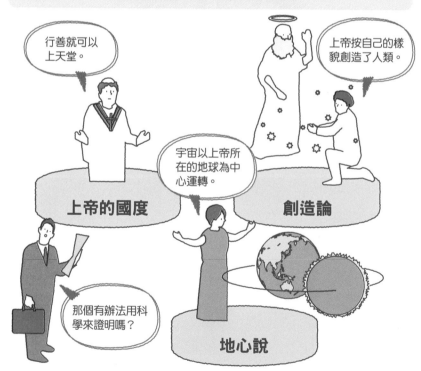

基督教的背後世界崩解

行善就可以
上天堂。

上帝按自己的樣
貌創造了人類。

宇宙以上帝所
在的地球為中
心運轉。

上帝的國度

創造論

那個有辦法用科
學來證明嗎？

地心說

大喊「不管怎樣，地球都在運轉！」隨著科學日益發達，大家開始對基督教的世界觀產生疑問，思考「那會不會其實是錯的？」達爾文的**演化論**逐漸廣為接受，人們越來越不相信科學無法解釋的事情，基督教的背後世界逐漸崩解。另一方面，尼采也為「科學主義追求正確無誤的絕對真理」這點，敲響了一記警鐘。因為他深信，不存在絕對真理的虛無主義時代，總有一天會到來。

強調絕對的科學信仰要小心

我們要為了上帝而活。

有心靈支柱，真安心。

基督教時代

地球似乎繞著太陽公轉。

大腦停止活動時，是不是會失去知覺？

人類是由猴子演化而成的。

科學時代

做任何事都沒有意義…

變成這樣是不行的，對吧！

活著是為了什麼？

什麼都沒意義的話，自暴自棄好了！

虛無主義時代

10 擺脫削弱自我的思維

重新審視無意識間習得的道德觀和思想，或許可以得到意想不到的收穫。

舉凡「奴隸道德」、「怨恨」、「背後世界」，尼采從根本質疑社會的樣貌，批評針針見血，提問的格局大且廣。但我們該怎麼做，才能將尼采提出的概念，應用到日常生活？首先，必須確認「自己是否相信會削弱自我的背後世界」。雖然「行善可以上天堂」、「結婚就能得到幸福」、「真理必然存在」等想法，可以讓人放鬆心情。然而，那只不過是在逃避現實罷了。事實上，行善未必能得到回報，結婚不

察覺削弱自我的背後世界

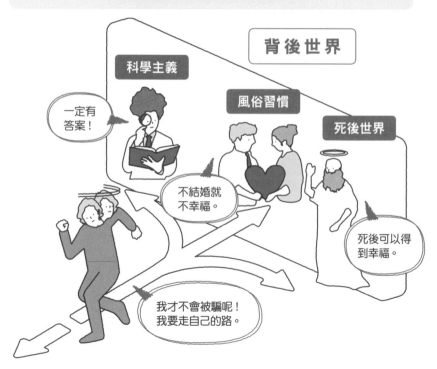

背後世界

科學主義

一定有答案！

風俗習慣

死後世界

不結婚就不幸福。

死後可以得到幸福。

我才不會被騙呢！我要走自己的路。

一定能得到幸福，真理不見得存在，這些是必須面對的殘酷現實。請審視一下，自己是否因為盲信別人賦予的價值觀，而變得不幸？另外，**遠離怨恨**，不去怨恨強者也很重要。否定成功者，「凡事差不多就是最好」等想法，無疑剝奪了自我成長的機會。尼采說，人的行動受到權力意志的驅動，因此只要停止怨恨，生命力便會不斷湧現。

慎防怨恨

我恨死那個有錢人了。

差不多就好。

強者是邪惡的

柔弱就是好的

裝弱的確能獲得一些好處。

但我也想要成為有錢人。

原來「柔弱就是好的」是奴隸道德啊。

了解自己的想法

察覺到怨恨

原來變強大是好事，太好了！

充滿活力

尼采的經典名言⑤

天空開始泛白，
我難以等待、
期盼已久的
燦陽光輝
終於出現了。

《查拉圖斯特拉如是說》〈第三部〉

　　尼采在著作當中，經常以太陽作為象徵。正如「偉大的正午」一詞所呈現的，充滿能量的太陽，象徵著豐富的生命力。尼采說，偉大的正午來臨時，就是「無比漫長的謬誤終結之時」。這句話究竟是什麼意思？「無比漫長的謬誤」有各種不同的解讀，但一般認為那指的是，人被虛構的價值觀所束縛。

我現在充滿了活力！

在基督教出現以前，人的生活就一直仰賴著宗教。有的宗教是由一小部分的人所創造，有的宗教則是自然而然形成的，而信奉宗教能為人們帶來精神慰藉。科學主義的發達，使能夠相信的東西消失，乍看之下似乎不是什麼好事。比如，面對親友逝世，有時打從心底相信宗教能獲得救贖。因此科學的進步，也可以說讓人們失去了精神支柱。然而，尼采相當積極正向，他將失去虛構的價值觀比喻為黎明。雖然盲信盲從的確讓人樂得輕鬆，但卻會讓自己無法充分發揮力量。然而，只要捨棄宗教和道德這類價值觀，相信自身的力量勇往向前，就可以不斷進化，越來越強大。那時，你可以感覺到血液流動的溫度，而且精神奕奕、充滿活力。那就像是朝陽灑落在臉頰上，將自己溫柔地包覆起來。提起勇氣，改變人生的方向吧。只要放下過去的心靈支柱，擺脫虛構的價值觀，把船舵轉到生命想前進的方向，一定可以看到閃閃發亮的景色。

尼采的經典名言⑥

我想要在臨死時，
把我最豐富的贈禮
送給他們！
這是我從太陽
那裡學來的。

《查拉圖斯特拉如是說》〈第三部〉

　　尼采用激進的言論批判了文化和宗教，但是他本人卻心思細膩、有禮貌。而且，雖然他的著作攻擊性很強，卻很小心翼翼，盡可能不攻擊個人。據說他給人的印象大多是輕聲細語、安靜沉穩。儘管尼采批判以怨恨為基礎的道德，但是他並不是不重視溫柔良

到底什麼是溫柔？

善。從他的名言佳句也可以發現，為別人付出可以感受到生命意義。

　　不過，溫柔待人，並非不傷害到別人就可以了。有時為了促使對方成長，不得已得傷害對方的想法，也是一種溫柔。尼采的著作當中就充滿這種溫柔。比方說，即便尼采批評基督教，從他的文章中仍能感受到「我是針對基督教必須克服的問題進行批判」、「越是虔誠的基督教徒，越能坦然地接受批評」這種誠懇的對話態度。尼采出生於牧師家庭，大學時甚至一度專研神學，是個熟悉基督教的人。他並不是為批評而批評，而是深思熟慮、想透澈後，為了對方而批評。如果理解其背後的精神，再閱讀尼采，應該可以得到更多東西。基本上，越是才華洋溢的人，越是無意識間付出更多。而未能在現世嘗到成功滋味的尼采，可以說是完全不計較得失的人。我們應該向尼采看齊，讓溫柔不僅只是曇花一現，甚至損及自身的利益也願意為對方付出。

04 Chapter

尼采哲學超圖解
鍛鍊生命力的
66個尼采哲思

如何擺脫厭世感？

一旦我們再也無法相信，過去視為理所當然的絕對價值，人就會失去幹勁和活下去的動力。尼采有預感，那樣的時代即將來臨，因此提出了「超人」的概念，期許人類克服虛無主義。

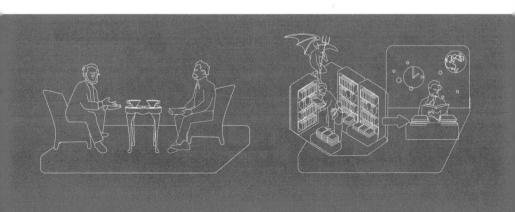

01 失去信念的現代人

人們過去對絕對價值深信不疑，但隨著文化發展，絕對價值變得讓人無法取信。

尼采提倡，人們要用視角的思維來看待事物，以權力意志為基礎，按自己的想法，看自己想看的地方。從視角的思維來看，「上帝存在的世界」、「真理」、「好人有好報的道德觀」，這些想法可以說是「因為對自己有好處，所以深信不疑」。然而，隨著科學主義和**唯物論**等概念的發展，再也無法相信這些絕對價值的時代即將來臨。「上帝死了，上帝永遠死了，而且是我們把他殺死了！」這是尼采的代表

不切實際的理想，騙人又誤己

上帝存在的世界

好人有好報的世界

真理

聖職者

民眾

學者

上帝（絕對價值）死了！
絕對價值從來就不存在。

作《查拉圖斯特拉如是說》的一小節。尼采主張，科學的發展等因素，使我們漸漸無法相信絕對價值。一旦絕對價值變得無法相信，便難以找出活著的意義。就像是「吃飯是為了攝取養分」、「搭電車是為了去工作」，即便每個行為都有意義，卻無法答出「活著是為了什麼？」像這種失去絕對價值的狀態，稱為「**虛無主義**」。虛無主義讓人失去活下去的動力。

沒有遠大的目標令人痛苦

為了攝取養分，必須吃早餐。

早餐

為了上班，必須搭電車。

通勤

為了賺錢，必須工作。

工作

為了休息，必須回家。

回家

咦，我活著到底是為了什麼？

為何而活？

02 沒有目標，活著有意義嗎？

毫無疑問地接受虛無主義，讓所有價值都失去意義，會使人生變得虛無飄渺。

如果你的工作只是一直影印文件，或是在工廠重複生產流程，心裡應該會疑惑「我現在到底在做什麼？」畢竟，若行為找不到意義，容易讓人感到壓力。在**納粹**時代，有種刑求方式是要人花半天的時間挖洞，然後再把洞給埋起來。而持續做沒有意義的勞動，似乎比任何拷問都更讓人煎熬。對深信絕對真理存在的人來說，失去信仰的痛苦恐

人無法忍受沒有意義的事情

請用鏟子挖洞。

現在請你把洞埋起來。

現在請你挖洞。

現在請你…

啊啊啊！我受不了了。

怕等同於嚴刑拷問。那可能會讓人覺得「一直以來深信的事物，全都沒有意義了嗎？」空虛感鋪天蓋地席捲而來，或是「一切都沒有意義，沒有東西可以相信，是要我怎麼辦？」變得自暴自棄。即便沒那麼嚴重，應該也會感到疑惑，「如果沒有目標的話，我該朝著哪個方向前進？」最後失去幹勁。像這樣，讓人失去生活動力的虛無主義，稱為「**消極的虛無主義**」。不斷重複著沒有目標的日子，人生虛無飄渺。尼采不斷深思苦索，該怎麼做，才能肯定沒有目標的日子，使人生充滿活力。

讓人失魂落魄的消極虛無主義

死後也不會有好報。

既不存在真理，道德也沒有意義。

沒有目標的話，我該做什麼才好…

困惑

沒有目標的人生

一切都沒有意義，是要我怎麼辦？

一直以來所相信的東西，都沒有意義啊…

失落

失魂落魄

03 肯定人生的新方法

尼采建議，貫徹虛無主義，預防我們開倒車，再度信奉絕對價值。

在無法相信絕對價值的時代，該如何肯定人生？那可以說是尼采哲學探討的核心問題。「因為我信上帝，為了上天堂，我要努力活到最後」、「一般人無法理解的美好真理，隱藏在世界某處，我要將一輩子投入在探究真理上」等等，能夠往遠大目標邁進的人生，某種程度來說很平穩安定，因為絕對價值成了人生的精神支柱。相反的，虛無

你有辦法肯定沒有目標的人生嗎？

起床　吃飯　工作　睡覺

沒有目標的人生

我無法忍受這種人生。

一般人

該怎麼做，才能肯定沒有目標的人生？

尼采的疑問

主義的時代，等同失去精神支柱的時代。對一直以來深信絕對價值的人來說，重複著「起床、吃飯、工作、睡覺」的人生，應該難以忍受。反倒是對尼采的宣言「上帝已死」視若無睹，盲目地相信絕對價值還比較幸福。但尼采主張，我們應該要**貫徹虛無主義**，不要開倒車，再度信奉絕對價值。只要貫徹虛無主義，就不會受到以絕對價值和怨恨為基礎的道德所荼毒。除此之外，尼采也主張，我們應該要找出肯定人生的新方法。

削弱生命力的思維

一切都沒有意義。

虛無主義

◎理想

？

肯定人生的新思維

強者是邪惡的！犧牲自我才是活著的意義。

× 不好的例子

以怨恨為基礎的思維

你要更加貫徹虛無主義。

04

把焦點放在自己身上

想在虛無主義時代，讓人生充滿幹勁嗎？讓我們回顧一下，什麼時候可以得到成就感。

在無法相信絕對價值的時代，怎麼做才有辦法肯定人生？線索就在於，做什麼會讓你覺得很有成就感。一直影印資料，恐怕很難找出生命意義。雖說如此，也不是所有無意義的事情，都會奪走我們的幹勁。比方說，捏陶土做陶器本身並沒有意義，但如果做出滿意的陶器時，內心想必會充滿成就感。因此，能否感受到成就感，也就是能不能感受到「**生命的狂喜**」，是在虛無主義時代肯定自我的關鍵。在過

做什麼可以讓自己有成就感？

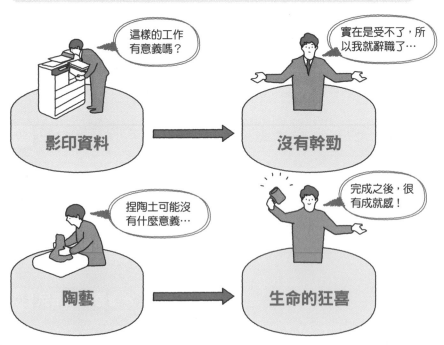

這樣的工作有意義嗎？

實在是受不了，所以我就辭職了…

影印資料　➜　沒有幹勁

捏陶土可能沒有什麼意義…

完成之後，很有成就感！

陶藝　➜　生命的狂喜

去，如何解讀別人賦予的價值觀，是豐富人生的關鍵。但尼采認為，在虛無主義時代，應該要關注的是自己，而不是外界賦予的價值。某種程度上，人生的意義可以說自己決定就好。只要符合「很有成就感，充滿欣喜」、「並非以怨恨為基礎」、「沒有翻轉價值」等條件，就可以自然而然地肯定自己的人生。而尋找可以得到成就感的生活方式，是克服虛無主義的第一步。

自己決定人生的意義

05 追求力量是本能

權力意志是生物本能，也是每個人必備的特質。在即將到來的
虛無主義時代，好好運用權力意志極為重要。

尼采在著作**《善惡的彼岸》**中提到，「世界的本質是權力意志」。歸根究柢，活著根本沒有什麼目的。所有的生命都只是努力活下去，活著並不是為了達成什麼。為了盡可能地遠離死亡，人會往擴張力量的方向前進，「變得更強」、「想要得到更多」、「想要更自由」。就這個意義上，**生命的本質**是權力意志。所以尼采才會批判削弱權力意志的「怨恨」和「奴隸道德」。在沒有絕對道德的虛無主義時代，權

生命的本質是「權力意志」

力意志變得極其關鍵。若人無法好好運用權力意志，那他發現一切都沒有意義後，就會突然失去幹勁。相反的，懂得運用權力意志的人，不管一切有沒有意義，都能夠找出擴張自身力量的喜悅。因此，只要發揮自己的權力意志，「學會新東西」、「做出自己滿意的作品」等等，生活自然就會散發出動人的耀眼光彩。

權力意志，就是「贏」的意志

06 漫無目標活著的人更多了？

尼采認為，在虛無主義的世界，提不起幹勁的墮落人類會越來越多。

尼采期望人類在虛無主義時代，也很有活力和創造力（＝權力意志）。另一方面，尼采將失去活力、沉溺於物質享受者，稱為「末人」。他在《查拉圖斯特拉如是說》中寫道，「世人再也無法生出任何星星時」，末人將橫行於世。但成為末人的門檻出乎意料的低，尼采列舉了多數當代人都可能符合的特徵：「討厭惱人的地方，喜愛溫暖的氣候、溫和的鄰居」、「重視健康，對人沒有疑心，避免摩擦、

不動腦的末人（最後之人）

末人應該會橫行於世。

雖然想說一點什麼，但我不想跟別人起衝突，還是閉嘴好了。

雖然一知半解，但平等很棒。

既沒目標，又很閒，玩遊戲消磨時間吧。

沒有目標的世界

小心地生活」、「會抽點菸、淺酌，工作以不影響健康為前提」、「錢夠用就好，不求大富大貴，避免繁瑣事物，不想統治也不想服從別人」、「有時會爭吵，但很快又和好。希望人人平等，也期望跟別人平起平坐」等等。但尼采也指出，某種程度上成為末人，也是受情勢所逼。畢竟，若一直以來相信的虛構價值崩解，失去目標也是理所當然的。不過，在那樣的世界，我們究竟能否擁有超越末人的能量？

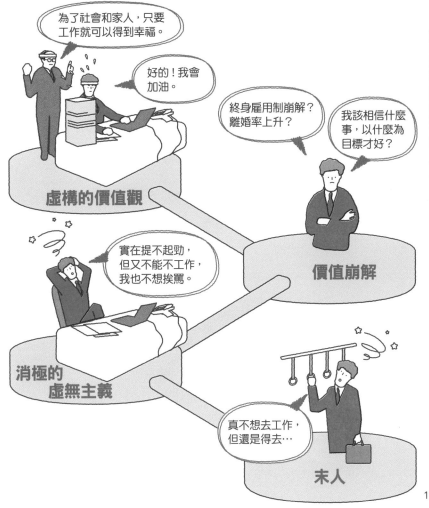

成為末人是無可奈何？

為了社會和家人，只要工作就可以得到幸福。

好的！我會加油。

終身雇用制崩解？離婚率上升？

我該相信什麼事，以什麼為目標才好？

虛構的價值觀

實在提不起勁，但又不能不工作，我也不想挨罵。

價值崩解

消極的虛無主義

真不想去工作，但還是得去…

末人

07 虛無時代的自救指南

既然無法逃離虛無主義，它便是人類必須克服的問題。

尼采認為，隨著現代化的進展，虛無主義也會跟著演進。他指出，絕對價值漸漸受到否定，最終會感到「一切都沒有意義」。相信上帝的人遭到無神論者否定，非科學、心靈的東西則是受到機械論否定。重視理性的人被浪漫主義者否定，相信絕對真理的人被相對主義否定。請試著想像一下，自己現在所相信的東西，全部都遭到社會否定。如

虛無主義分為兩大種類

無神論　機械論　浪漫主義　相對主義

超越一切的東西並不存在…

現代思想促進了虛無主義的發展

要活得積極向上！

實在是提不起勁…

積極的虛無主義　　　消極的虛無主義

果心靈失去依靠，例如「努力一定會有回報」、「從長遠的角度來看，人類不斷進步」等價值失去意義，人們應該會感到不安。面對這種情況而失去幹勁，稱為「消極的虛無主義」。相反的，若並未失去幹勁，仍能積極正向地活下去，則稱為**「積極的虛無主義」**。想要維持積極的虛無主義，必須認知到「一切都沒有價值」，並有效地運用權力意志。尼采預言道，虛無主義將發展到極端，讓所有人都無法忽視。而接受那樣的事實，讓自己成為積極的虛無主義者，可以說是全體人類的重大課題。

克服「消極的虛無主義」高牆

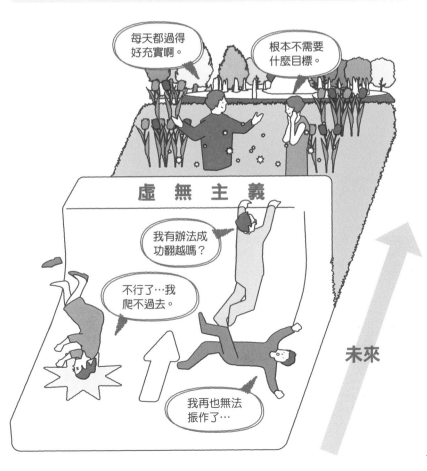

08 成為自己的神

尼采預言未來虛無主義將達到高峰,因此人類應該要成為超人,而非追求絕對價值。

究竟是什麼樣的人,能夠在虛無主義的世界找到活著的意義,堅持自己積極虛無主義的立場?尼采將那種人命名為「超人」,而超人指的是「超越過去所有人類的存在」。在再也無法相信絕對價值的時代,超人也能充滿活力。而感到痛苦時,超人也不會莫名怨恨他人,而是能持續提升自我。尼采認為,自己的使命是為「**人類最高層次的自覺**、即成為超人的瞬間做準備」。也就是說,尼采本身並不是超人。

以「自由的超人」為目標

110

他期許自己，為普及超人的概念盡一份心力，讓兩百年後、虛無主義時代到來時，超人能夠出現。尼采大力提倡超人的重要性，他在《查拉圖斯特拉如是說》便描述到「超人就是大地的意義」。而末人是與超人完全相反的存在。尼采說「我所講述的是下兩個世紀的歷史」，他預言道，在虛無主義走向極端（依據尼采的預言，約是現在的一百年後），世界被末人淹沒時，克服虛無主義的超人終將出現。

尼采為人類設立了目標

09 從野獸變成超人

尼采認為人類是成為超人的過渡階段。他期望人類能克服困難，戰勝虛無主義。

尼采的代表作《查拉圖斯特拉如是說》，是從在深山鑽研學問十年的查拉圖斯特拉，下山向世人傳播他的思想揭開序幕。在他最初造訪的城鎮，玩命的表演者正在表演走繩索。而查拉圖斯特拉向前來觀賞表演的群眾宣講：「人是應被超越的東西……你們為了超越自己，做過什麼？」「你們想變回野獸，而不是超越人類嗎？」「人是連結在動物與超人之間的**一根繩索**……懸在深淵上的繩索。走過去是危險的，在半當中是危險的，回頭看是危險的，戰慄而停步是危險的。」達爾文的演化論認為，人類是從人類與猴子的共同祖先演化而來（但大家對尼采如何解讀演化論，眾說紛紜）。據查拉圖斯特拉所言，人類位

人類從猴子演化成超人

猴子
人類從人類與猴子的共同祖先演化而來。

末人
完全不思考的大眾，應該鄙棄之。

於從猴子演化成超人的過程之中，而人類必須克服最後之人的末人，以及受到老舊價值觀束縛的高人，最後成為超人。在《查拉圖斯特拉如是說》中，表演走繩索的人，遭到惡魔絆倒失足死了。尼采似乎認為，成為超人的過程相當艱辛。

肯定生命力的尼采

超人
誕生於未來的革新人物。

高人
無法割捨腐朽價值觀的人。

人是連結在動物與超人之間的一根繩索。

查拉圖斯特拉

10 小心退回弱者思想

走向超人的路途遙遠且艱辛，所以避開自我毀滅這類思想很關鍵。

從繩索上失足跌落的表演者，向身旁的查拉圖斯特拉說道：「我早已知道，魔鬼會伸腿把我絆倒。現在它要把我拉到地獄去，你有辦法幫我阻止它嗎？」對此，查拉圖斯特拉回答道：「兄弟啊，我敢發誓，你所說的東西全部都不存在。惡魔和地獄都不存在。」從上述對話可以看出，成為超人的困難及人類仰賴虛構價值的脆弱面。無論虛無主義有多麼來勢洶洶，人們依舊追求著「天堂」、「真理」、「道德」等

人容易回到老舊的價值觀

虛無主義

面對虛無主義勢在必行，這樣的行為可不行。

我是上帝，你要崇拜我。

崇敬的神啊。

平等跟溫柔最重要！

我要來好好探究絕對的真理。

老舊的價值觀

概念。尼采也在《查拉圖斯特拉如是說》中提到，「無論是前進、靜止不動，還是走回頭路，通通都很危險。」虛無主義發展所帶來的**反動**，可能會讓人退回到過去的價值觀，這是相當危險的事。儘管人們對超人有各種不同的解釋，但重點在於不做歧視性解讀，把它當成提升自身能力的依據。不要去想「那個人是末人」，而是思考「怎麼做才能讓自己更接近超人」。

小心偏激的解讀方式

× 不做歧視性解釋

超人
高人
末人

不可歧視

強者有益於社會，不過是幻想罷了。

不落入怨恨的陷阱，比什麼都重要。

◎當作是提升自我

強者
弱者（自己）

承認自己軟弱，好好運用「想要變強」的權力意志。

所謂的創造者，
乃是創造人類的目標，
給大地賦予它的意義
和它的未來的人。

《查拉圖斯特拉如是說》〈第三部〉

　　有多少人能夠大聲地說，自己的人生是有方向
的？當然，像是「為了家人而活」、「想討人歡心」、
「為了壯大公司而工作」等目標很好理解。比起不知
道目標在哪，有方向的日子每天都充滿幹勁，應該大
家都同意這點。

　　問題在於尼采所說的「人類的目標」。所謂創造

我不受束縛，一點拘束也沒有。

人類目標，賦予大地意義和未來的人類，究竟是什麼意思？針對這個問題，想必有各種不同的解釋，但是應該有一個不受虛構價值觀影響、自己最初所設立的目標。人類是比起自己、更傾向以共同體利益為優先的生物。就算因為餓肚子而偷麵包，也會遭到社會懲罰。因為有了規訓與懲罰，能穩定共同體，也能因此為個人帶來安定。這個以共同體為優先的結構非常穩固，但久而久之會使個人的目標消失，「共同體的目標」根植於每個人的心中。「我想成為有錢人」、「希望自己握有大權」等目標消失，逐漸被「想讓社會變得更美好」、「想讓那個人幸福」等目標給取代。然而，「利他有什麼缺點嗎？」的確沒什麼不好的。但是從「創造力」的思維來看，利己比較有機會創造出好東西。尼采可能認為，不受任何外在的束縛，充滿權力意志，能夠自由創作的人，可以為大地帶來意義和未來。當這樣的人越來越多，社會想必會更加有趣吧！

尼采的經典名言⑧

聽好了，
我教你們何謂超人：
人是應被超越的東西。

《查拉圖斯特拉如是說》〈第一部・前言〉

　　《查拉圖斯特拉如是說》是以查拉圖斯特拉（猶如尼采分身）的故事為主軸展開。書中講述道，查拉圖斯特拉在30歲時，離開故鄉隱遁深山，享受了十年的孤獨時光。之後，他為了將在山上累積的智慧傳授給眾人，所以下山。他馬上將「上帝已死」、「超人」等概念傳播出去，但是滿足於現狀的民眾沒把他的話聽進去。以上是《查拉圖斯特拉如是說》〈第一

超人是什麼？

部〉前半的故事。查拉圖斯特拉大聲疾呼「人是應被超越的東西」，但沒有人願意聽他說話。雖然就滿足現狀的人來看，覺得「為什麼一定要超越？」也是理所當然的。之後，放棄說服群眾的查拉圖斯特拉，轉向尋找跟自己志同道合的夥伴。那麼，查拉圖斯特拉認為非得超越不可的人類，究竟是什麼樣的東西？

查拉圖斯特拉跟民眾的差異在於，前者花了十年在林中累積智慧。民眾在被人和文化所環抱的環境中生活，而查拉圖斯特拉獨自在林中度日。不過，查拉圖斯特拉在森林的日子過得很快樂，並非不得已才窩在森林。除此之外，查拉圖斯特拉不是超人。應該是那十年的歲月讓他覺得「我過去遭到虛構價值的束縛」、「人類必須克服絕對價值的喪失感」。就連達到那個境界的查拉圖斯特拉也不是超人。這樣一想，超人的出現應該讓人很期待！

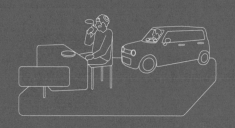
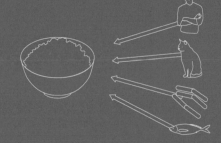

05

Chapter

尼采哲學超圖解
鍛鍊生命力的
66個尼采哲思

改變一生的正向練習

我們該怎麼做，才能像超人一樣，活得充滿生命力？本章將依據尼采留給後世的名言佳句和著作，尋找在虛無主義時代也能活得燦爛美好的方法。一起找出打動自己的尼采哲學吧！

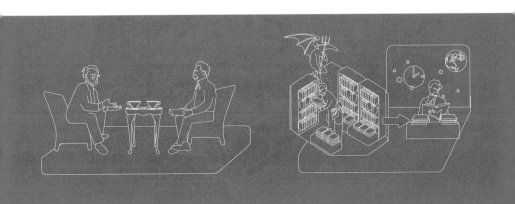

01 想像人生不斷重複

尼采所提倡的永劫回歸概念，提示了如何克服虛無主義。

在《查拉圖斯特拉如是說》的〈第三部〉，查拉圖斯特拉提到了永劫回歸的概念。「『你瞧這個瞬間！』我繼續說下去⋯⋯我們之所以可以這樣走著，是因為曾經走過這條路不是嗎？⋯⋯我們背負著永恆重複的命運不是嗎？」永劫回歸假設人生會無限重複。你可能覺得，現在閱讀這本書的瞬間只會發生一次，而且是自己做的選擇。但尼采認為，過去出版過相同書名的書，當時你也選擇了這本書，然後以同個

查拉圖斯特拉的提問

姿勢閱讀。而且，並不是只發生一兩次而已。那個瞬間重複了無限多次，未來也將無限重複。尼采從當時最新的物理學理論得到了靈感。不過，永劫回歸的理論是否有科學依據並不重要。重點在於，此概念提示了**克服虛無主義的線索**。假設人生會不斷重複，你「想重複多次」，還是「不想再經歷了」？這是能否肯定自己人生的關鍵。

科學依據不是重點

擲無數次骰子，有時也會連續擲出同樣的點數組合吧？

可是把宇宙和人類拿去跟骰子做類比…

✕ 懷疑論點是否為真

原來如此，不知道耶。

假如你現在的生活將永遠重複下去，你有辦法肯定現在的自己嗎？

◯ 面對虛無主義的生存提示

02 如果人生沒有意義

永劫回歸是感受極端虛無主義的方法，讓我們意識到權力意志
的重要性。

為何可以用「永劫回歸」的概念，來判斷能否克服虛無主義的人生？
那是因為永劫回歸所假設的狀況，某種程度上符合「**虛無主義的極端
形式**」。虛無主義指的是各種價值都沒有意義的狀態，而假設人生不
斷重複，就是否定一切價值。比方說，大部分的人都認為，人死了，
一切就結束了。「再怎麼痛苦，反正死了就結束了，所以在死之前，
就輕鬆快樂地過日子吧！」這樣的價值觀，若人生不斷重複就會變得

永劫回歸否定價值

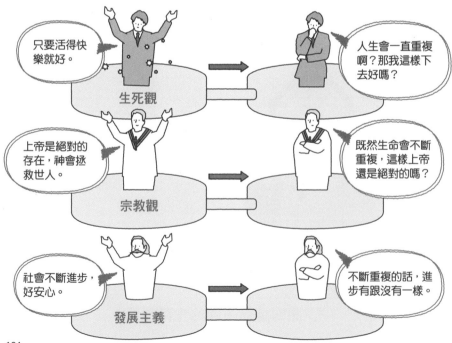

只要活得快樂就好。

生死觀

人生會一直重複啊？那我這樣下去好嗎？

上帝是絕對的存在，神會拯救世人。

宗教觀

既然生命會不斷重複，這樣上帝還是絕對的嗎？

社會不斷進步，好安心。

發展主義

不斷重複的話，進步有跟沒有一樣。

沒有意義。因為現在感到的痛苦，沒有結束的一天。另外，相信上帝絕對存在的宗教，在永劫回歸的假設當中，會反覆地誕生和滅亡。在不斷重複的永恆時間當中，人們應該很難相信，作為時間一部分的上帝絕對存在。即便是相信「人類會不斷進步」的樂觀發展主義，在生命不斷重複時，未來不斷發展的幻想，也會讓人覺得沒有意義。在永劫回歸的假設裡，否定了所有的價值。唯有充滿「權力意志」的人，才有辦法「重複再多次我也願意」，肯定永劫回歸。

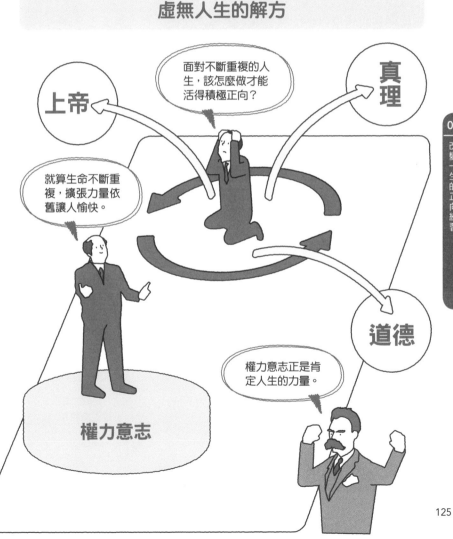

虛無人生的解方

面對不斷重複的人生，該怎麼做才能活得積極正向？

上帝

真理

就算生命不斷重複，擴張力量依舊讓人愉快。

道德

權力意志正是肯定人生的力量。

權力意志

03 戰勝虛無主義

尼采認為，虛無主義帶來的痛苦，就像是蛇緊咬著喉嚨那般痛苦。

克服虛無主義到底是怎麼一回事？尼采在《查拉圖斯特拉如是說》當中，用寓言說明如何克服虛無主義。有一天，查拉圖斯特拉看到有條黑色的大蛇爬進沉睡中**牧羊人**的嘴裡。仔細一看，牧羊人一臉痛苦，大蛇緊緊咬著牧羊人的喉嚨。查拉圖斯特拉發現到這個情況，死命地拉著那條蛇，想要救牧羊人。拉扯了一陣子之後，大蛇似乎沒有鬆口的跡象，查拉圖斯特拉便大叫「咬下去，咬下去，**咬斷蛇頭**，咬下去！」來鼓舞牧羊人。牧羊人真的就咬了下去，把蛇頭給吐出來。然

接受並克服虛無主義

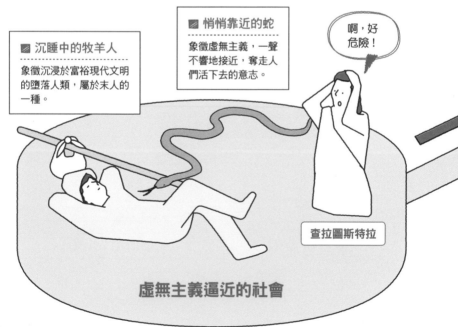

☑ 沉睡中的牧羊人
象徵沉浸於富裕現代文明的墮落人類，屬於末人的一種。

☑ 悄悄靠近的蛇
象徵虛無主義，一聲不響地接近，奪走人們活下去的意志。

啊，好危險！

查拉圖斯特拉

虛無主義逼近的社會

後他緩緩站起，大聲地笑了出來。查拉圖斯特拉描述那個笑聲：「過去地球上從來沒有人笑得這麼大聲過。」牧羊人把爬進嘴裡的蛇給咬斷，象徵著與消極的虛無主義告別。就像是「牧羊人不再是牧羊人，也不再是人類，是煥然一新的人，被光芒所包覆的東西」所描述的，牧羊人成功從末人變成了超人。牧羊人接受虛無主義帶來的痛苦，並且克服了它。

04 竭盡一切肯定現在的自己

接受人生的痛苦，是身處於虛無主義的時代，也能肯定自己的第一步。

永劫回歸假設跌宕起伏的人生會永遠重複。人生並非建立在自己的選擇之上，任何選擇都是事先決定好的，這樣的想法屬於「**決定論**」的思維。即便荒謬無比的悲劇發生在自己身上，也無法迴避。那樣的人生，有辦法覺得「重複幾次也願意」嗎？雖然從世俗的角度來看，尼采的人生也稱不上幸福，但是他卻主張肯定自身命運的重要性。尼采

你有辦法接受自己的命運嗎？

衡量人偉大程度的準則，就是熱愛命運。絕對不奢望人生的一切跟現在不同…

誕生

好事

壞事

壞事

好事

現在

Yes

No

這就對了！重複再多次我也願意。

假如無論好事壞事都會不斷重複，你有辦法肯定一切嗎？

這種人生我再也受不了了。

熱愛命運

消極的虛無主義

說道：「衡量人偉大程度的準則，就是**熱愛命運**。絕對不奢望人生的一切跟現在不同……」當人感到痛苦，就會想要逃離苦難，「都是那傢伙的錯，那個傢伙總是很狡詐」、「背負著痛苦的自己好偉大」，讓思維偏向怨恨和奴隸道德。然而，如果能熱愛命運，接受自身的痛苦，便可以轉念，思考「怎麼做才能讓自己變得更強，減輕痛苦」。

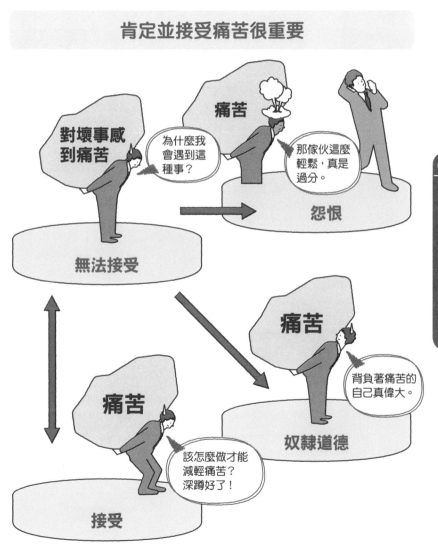

肯定並接受痛苦很重要

05 轉念的威力

無法肯定自己的人生，可能是因為從負面的角度做解讀。

該怎麼做才能肯定痛苦的人生，覺得「重複再多次也願意」？其中一個方法就是，盡可能試著**正面解讀**。如果從視角的角度來看，立場不同，認知也會有所不同，所以沒有絕對正確的解讀。比方說，失戀、公司倒閉、與重要的人天人永隔，從一般的角度來看，大多會認為是不想再經歷的悲劇。但那個解釋的背後，會不會隱藏著充滿幻想的偏見（背後世界）？「那個人是命中注定的對象」、「自己是弱者，好

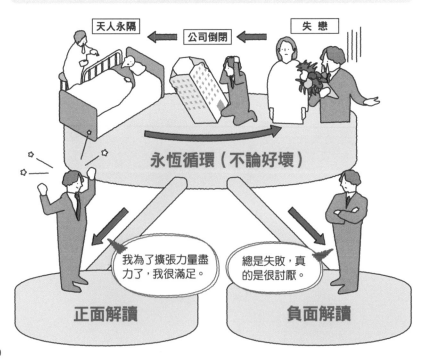

一切都看自己怎麼解釋

天人永隔 ← 公司倒閉 ← 失戀

永恆循環（不論好壞）

我為了擴張力量盡力了，我很滿足。

總是失敗，真的是很討厭。

正面解讀　　　　負面解讀

可憐」、「如果當時那樣做，結果應該會不同」等等想法，都是來自於「世上有命中注定的對象」、「弱者就是悲慘」、「不同選擇會有不一樣的結果」等先入為主的觀念。只要試著想想，「命中注定的對象根本不存在」、「現在很弱也沒關係，只要變強就好」、「即便更改選擇，也改變不了過去」，應該就能夠接受痛苦的結果。既然不存在所謂正確的解釋，那我們只要自由地做出積極的解釋就好。

沒有絕對，所以能夠正向面對

我失戀了，糟透了…

①她是我命中注定的對象。
②我沒有桃花運＝弱者。
③如果當時那樣做就好了…

為什麼糟透了？

事件

分析想法

命中注定根本是幻想出來的偏見。

①

②

③

現在很弱也沒關係，只要努力成為戀愛高手就好。

這樣的人生也很不錯！

重新解釋

一直想過去的事，也改變不了結果。

變得積極正向

06 活得像孩子天真無邪

尼采主張，拒絕服從虛構價值，挑戰傳統和權威，是取得自由精神的必經道路。

大家對超人有各種不同的解釋，但是在《查拉圖斯特拉如是說》當中，以一個具代表性的故事說明了成為超人的過程。依據那個故事，人類會發生**精神三變**，循序漸進地成長。第一階段是「**駱駝**」。駱駝可以背負重物，是人類行走於沙漠的交通工具，其代表服從虛構價值，為了活著而忍耐的人。第二階段是「**獅子**」。由駱駝的階段變化而來，會為了得到自由，進而挑戰束縛自己的事物。而傳統和權威這類虛構價值的象徵是「**龍**」。獅子激勵自己去打倒龍，並用爪子和銳

成為超人的三重境界

好重，但我忍耐。

再痛苦，我也要繼續加油。

第一階段「駱駝」

利的牙齒對龍進行攻擊。為了爭取更進一步的自由，獅子變化成第三
個階段「**嬰兒**」。純潔無瑕的嬰兒，能夠肯定並享受一切。此外，嬰
兒也是新價值的象徵，不受既有價值的束縛。若要朝著肯定人生的目
標前進，請思考一下自己位於哪個階段。不需要感到焦急。覺得自己
是駱駝的話，就以成為獅子為目標。認為自己是獅子的話，就以成為
嬰兒為目標。如此一來，便能夠以超人為目標逐漸蛻變。

133

07 重新審視一切價值

尼采將虛無主義的極大化，人類不再受虛構價值所拘束的現象，稱為「偉大的正午」。

在尼采的代表作《查拉圖斯特拉如是說》裡，以查拉圖斯特拉走出洞穴，說出「這是我的早晨，我的中午正要開始。來，升起吧，升起吧，**偉大的正午**！」作為結尾。《查拉圖斯特拉如是說》包含了「超人」、「永劫回歸」等尼采的重要理論，那作為尼采集大成之作，其結尾這句「偉大的正午」，究竟代表什麼意思？由於正午時太陽升到最高位置，因此尼采將太陽照射出來的長影子，比喻為人們擁有的虛

尼采用影子來代表虛構的價值觀

這是虛無主義來臨前的世界。

文化和常識

上帝總有一天會拯救我。

只要結婚就一定可以得到幸福。

做善事一定會有好報。

受到虛構價值觀束縛的人們

構價值觀。而「上帝總有一天會拯救我」這類虛構的價值觀，會隨著虛無主義的發展漸漸消失。就像是影子隨著太陽升起越來越短，隨著虛無主義走向極端，虛構價值便逐漸消失。然後正午來臨時，太陽升到正上方，影子完全消失。尼采將這種虛無主義發展到極端，虛構價值觀滅絕的情況稱為「無比漫長的**謬誤的終結**」。尼采認為，不受虛構價值的影響，以權力意志為基礎，人們可以活出自我。

尼采的世界是偉大的正午

我的中午要開始了！
來，來吧！偉大的正午！

我要活得像自己。

不受價值觀束縛的虛無主義世界

08 找回每時每刻的自己

對未來越期待，就會越不重視當下。而永劫回歸能幫助人們重視當下。

永劫回歸指人生會無限重複，因此能讓人重新思考時間。現代的生死觀認為，人類的生命旅程始於誕生，終於死亡。多數人會未雨綢繆，煩惱老了退休後要怎麼辦。有些人會認為，人生就是「年輕時要為了將來好好讀書，全盛時期要拚事業，退休是人生的第二春」。總而言之，我們很容易覺得「未來有重大的事情正等著我」、「為此而犧牲現在也是無可奈何」，這些都是受到**時間概念**所影響，認為有終結的

個人的時間概念，會犧牲掉「現在」

時間的流動

誕生

☑ 可能性無限大，
為了將來要好好讀書

年輕時期待未來的各種可能性，所以把時間拿去讀書和練習，而忽視了當下。

社會中堅

☑ 為了老年生活而儲蓄，
必須打造美好的未來

社會中堅未雨綢繆，為了未來儲蓄。為了將來，生活勤儉節約、忍耐度日。

老人

☑ 時間已經所剩無幾，
得趕快創造美好回憶

老人認為自己的時代已經結束，沒有衝勁，悠哉度日。

一刻。然而,若人生會無限重複,就很難盲目相信「未來有某個重要的事物,所以得犧牲現在」。人生無限次重複,意味著此刻的痛苦也會不斷降臨。「只發生一次的話還可以忍耐,如果一直重複發生,就不想再忍耐了」,會這樣想很正常。那跟西洋的時間概念、人生終有**終結**之時,是同樣的意思。而永劫回歸提供了契機,將思維從「總有一天會得到回報」,轉換成「珍惜當下」。

西洋的時間概念和尼采的時間概念

09 即便失敗也要樂在其中

不受一般價值束縛，擴張生命力，是虛無主義時代的重要生活
態度。

尼采認為，想要在虛無主義極大化的時代活得積極正向，有效運用權
力意志很重要。而這樣的想法，跟叔本華提出的「盲目的生存意志」
使人生充滿苦痛的概念相反。相對於叔本華所說的「藝術是生命的鎮
定劑」，尼采則提出「**藝術是生命的興奮劑**」。尼采認為，想要肯定
人生，必須借助藝術的力量。「想擴張力量」的權力意志，本來就是
生物最原始的力量，那個力量驅使人類，往占有和競爭這類擴張自身

藝術是有效運用「權力意志」的方法

我想要更
有錢。

我想要擴張
更多力量！

擁有

權力意志

想要畫出更
美的作品。

我才不會輸
給那傢伙。

競爭

藝術

力量的方向前進。另一方面，藝術是以個人觀點出發、創造出「好」的作品。因此，若想要創造出好的藝術，打破他人賦予的既定觀念，好好運用自己的感性很重要。就這點來說，權力意志和藝術具有關聯性，通曉藝術，能夠促進自己運用權力意志。此外，兩者還有一個共同點在於，價值的衡量基準都在於自己，因此不會把失敗視為挫折。由於不受一般價值觀所束縛，所以可以擴張生命力。

藝術和權力意志的共同點

10 接受自己的現狀

雖然尼采的哲學，隱藏著遭到曲解的危險性，但是其思維卻能夠幫助我們，在今後的時代活得有聲有色。

尼采的思想具有風險，可能會被理解為「**階級**」思想，把人劃分成上下等級。畢竟，將強者和弱者一分為二的想法，很可能會被拿去作為強者理論的基礎，宣揚「越強越好」、「弱者應該要聽強者的話」等概念。實際上在德國，尼采的哲學就曾遭到納粹曲解誤用。雖然尼采主張，接受「社會存在強者和弱者」的事實很重要，但是他並未提倡強者理論。尼采主張，如果自己是弱者，接受這個事實，可以讓自己

避免把尼采思想當攻擊武器

我們是特權階級。

基因很優秀。

■ 劃分階層，容易導致弱肉強食

當社會存在強者，肯定強者的存在，反而容易變成過度讚揚強者。

實在提不起勁，我什麼都做不好。

有能力的人本來就不一樣。

強者

弱者

■ 容易產生不合理的歧視風氣

強調弱者的存在，容易對弱者過度責難，產生欺負弱者的風氣。

變強。尼采的著作當中，有些地方會給人感覺帶有歧視意味，所以要小心不要誤解尼采的思想。最重要的是，鼓起勇氣，接受人與人之間存在差異。雖然把一切都交由道德和宗教等價值觀來判斷，看似輕鬆。但就像尼采所說的，那些有可能是弱者為了保護自己，所創造出來的虛構價值觀。因此，如果跟強者之間存在差異，就接受那個事實，充分發揮權力意志，讓「想擴張更多力量」的欲望促使自己提升自我，是今後生活於虛無主義社會的必備條件。

肯定自我，從接受自己開始

萬物去了又來，
存在之輪永遠循環；
萬物皆逝，
花兒謝了又開，
存在之時永遠運行。

《查拉圖斯特拉如是說》〈第三部〉

　　輪迴轉世的想法認為，來世會跟現在的自己不同，可能是完全不同的人，也可能不是人類。然而，只要沒有解脫，生命就會不斷輪迴，這點跟尼采永劫回歸的概念很接近。但尼采的永劫回歸，變來變去都是自己。而且，所有發生的事情和身處的環境都是一

樣的。那可能就像是腳踏車輪胎毫無生命的機械式轉動，轉過去又轉回來。如果尼采的想法是正確的，那麼無論是竭盡一切努力所獲得的成果、賭上性命的戰鬥，還是讓人椎心刺骨的悲劇，這些我們都經歷過，只是不記得而已，所有一切就像是過去發生的事情複製再貼上。假如是這樣的話，你有辦法肯定自己的人生嗎？有辦法持續感受生命的欣喜感嗎？

以上是尼采在永劫回歸的思考實驗，所提出的問題。無限重複著同樣的人生，越想越令人毛骨悚然。如果只是隨便想想，可能會覺得「吃美食時仍然可以感覺到生命充滿欣喜」。但假如同樣的東西你已經吃了幾百萬次，美食帶來的感動是不是稍微變少了？注意，在用永劫回歸的思想實驗，來測試自己的人生時，細節想像得越具體越有效。

column

尼采的經典名言⑩

意志是對已經做成的事
無能為力——
對一切過去的事，
意志是一個發怒的旁觀者。

《查拉圖斯特拉如是說》〈第二部〉

就算明白無法改變過去，我們也會對已經發生的事情感到憤怒。雖然過一段時間，心情冷靜下來之後再看會覺得，「過去發生過那種事啊！」但若事發才沒多久，想要冷靜接受恐怕相當困難。講得誇張點，一秒之前也是過去。那麼，我們真的有辦法肯定那一切嗎？

為什麼事情都
不如我所願？

　　尼采在《查拉圖斯特拉如是說》當中講到，「拯救過去存在的一切，把『發生了那件事』變為『我希望那件事情發生』，才值得稱為拯救」。換言之，「我希望它發生」，肯定過去事物才是所謂的拯救。的確，如果能把所有覺得「完蛋了」、「怎麼會這樣」的事情，想做是「我希望它發生」，精神應該可以得到救贖。但是，如果是面對自己也摸不著頭腦的事情，想要改變思維並不是那麼簡單。

　　因此，若想要拯救過去的一切，就必須具備主體性。相反的，若秉持著「別人叫我那樣做，我就做了」、「明明做法都一樣，為什麼我的結果就是比別人差」等態度，就無法改變思維、認為一切都是「我希望它發生」。因此，若想要不對過去的行為感到後悔，做法就是：清楚認知一切（涉及的人、採取的行動等等）都是因為自己希望發生，才會如其所是。

06 Chapter

尼采哲學超圖解
鍛鍊生命力的
66個尼采哲思

尼采哲學的生活應用

在看尼采的哲學時，重點並非去理解條理分明的主張，而是從看似雜亂無章的文章當中，找出能夠增強人生能量的思維。讓我們從現代人的觀點出發，一起思考如何把尼采的哲學應用到生活上。

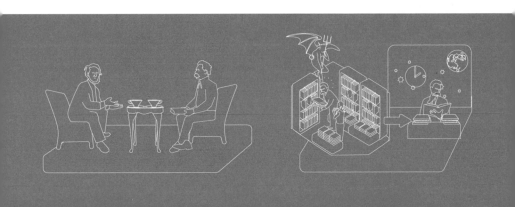

01 學會不受他人左右

如果自己的想法容易受到他人影響，可以試著自己篩選資訊，重新審視一下。

在現代社會，除非有意識地隔絕，否則各式各樣的資訊就會排山倒海而來。當較為可信的媒體傳遞「老年生活需要準備2,000萬日圓」、「會領不到年金」等資訊，就會覺得「自己沒問題嗎？」忍不住擔心起來。一旦對自己的財務狀況感到憂心，可能會對未來感到更加不安。那個時候，尼采的視角主義（遠近法）是很好用的方法。畢竟，別人所提供的資訊，只不過是別人篩選過的資訊，所以不用無條件接

莫名的不安形影不離

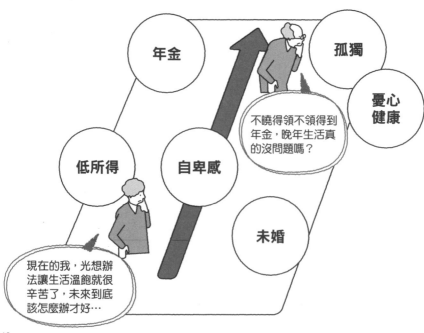

受、不需要感到不安。平時請試著**自己篩選資訊**,來解讀事物。只要試著自己蒐集資訊,就會發現很多事情「根本不需要那麼擔心」。畢竟,別人提供的資訊,不可能絕對正確。另一方面,如果用自己的角度來解讀,一旦你覺得「這樣下去不太好」,便可以提出勇氣踏出下一步。不需要人云亦云,想辦法讓自己活得有主見吧!

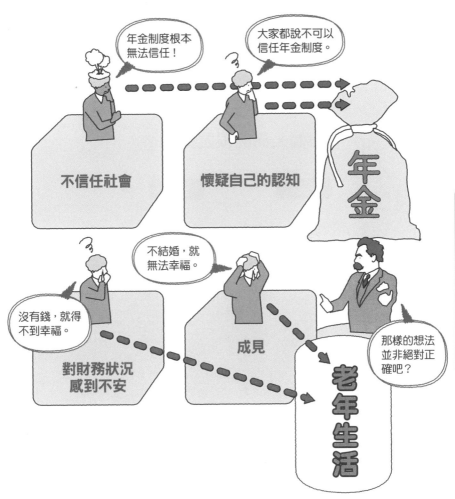

那個不安,是有根據的嗎?

02 如何克服比較心態與自卑？

拿自己跟別人比較而失去信心時，有可能是因為高估了對方。

看到成功的人擁有人脈、資產和能力，就會覺得為什麼自己這麼沒出息。不只是電視上的名人，能幹的同事、功成名就的同學、漂亮的朋友等等，比較的對象各式各樣，應該很多人或多或少都會因此受到刺激，而感到自卑、沮喪。這個時候，請重新思考一下「那個人真的很厲害嗎？」並認知到「那個人怎麼那麼厲害」等想法，是自己篩選過的解釋。只要從視角的角度來思考，就會發現「真正厲害的人」並不

那個人真的很厲害嗎？

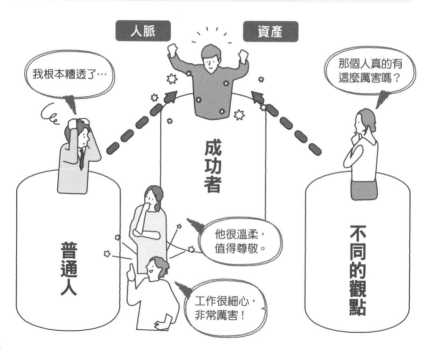

存在。從**他人觀點**來看，可能會覺得那個人「沒什麼了不起」或是「壞人」。一定有人會認為，你比那個看似成功的人還棒。而且，假如沒有任何看法絕對正確，要怎麼想就是每個人的自由。雖然尼采勸戒大家不要有「不厲害也沒差」的怨恨思維，他鼓勵大家接受差異，積極正向地思考。積極正向地思考，可以湧現更多的生命力。不要被「我很差勁」的想法給局限了。

總之先試著正向思考

我根本糟透了…

完全提不起勁。

自己似乎沒那麼糟糕？

負面思考

改變想法

我果然沒那麼糟糕。

就算有點糟，但世界上沒有絕對，就再加油。

正面結果　　負面結果

03 「這樣下去真的好嗎？」

如果總覺得這樣下去不行，就改變自己的行為和價值觀，創造出正向循環。

即便日子一帆風順，有時也會湧現「這樣下去真的好嗎？」的想法。不斷煩惱著「我現在的工作，有辦法繼續安穩地做下去嗎？」「我的人生這樣就滿足了嗎？」讓自己持續處於不安的狀態。然而，明明覺得自己應該要有所改變，卻遲遲沒有採取行動，有可能是覺得現在的

你過著將就的人生嗎？

自己並沒有那麼糟糕。這時可以用永劫回歸的概念來思考一下。如果覺得「我不希望現在的人生不斷重演」，可以先評估一下自己的想法和目前的生活。「有辦法積極正面地解讀現在的自己嗎？」「是否受到常識的束縛，限制了自己的行動？」在回顧這些問題的過程中，會讓自己變得越來越積極正向。而肯定自我，是創造出**正向循環**的重要關鍵。「先懷疑常識」、「接著想想看，能不能有效運用權力意志」、「鼓勵自己挑戰新事物」，重複這樣的過程，可以改變思維和行動，讓自己越來越積極正向。

創造出正向循環

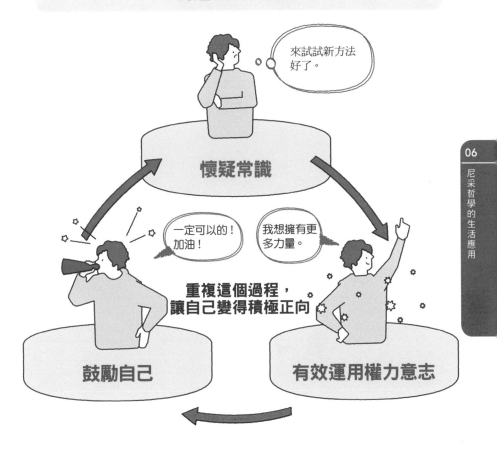

來試試新方法好了。

懷疑常識

一定可以的！加油！

我想擁有更多力量。

重複這個過程，
讓自己變得積極正向

鼓勵自己

有效運用權力意志

04 如何告別「提不起勁」的人生？

比起人生勝利組，認為在稍差的環境比較能激起幹勁的人，正是肯定人生者。

有才能的人，從一開始就跟普通人不一樣。像是運動員和音樂家，大多從小就顯現出天賦，站在資質平庸者的立場來看，會覺得「那些人為什麼這麼厲害？」容易產生羨慕的心理。但正如尼采所寫的，「我所愛的是，就像擲骰子般，偶然得到幸運時，也懂得感到**羞恥**的人，而且那時還會自問『我是不是投機的賭徒？』」尼采主張，因好運而獲得成功時，應該感到羞愧。除此之外，尼采也將「運氣差時不心煩

人比人，氣死人

看起來很開心的人

運動員

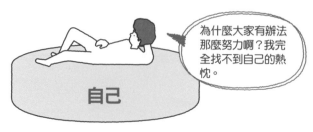

自己

為什麼大家有辦法那麼努力啊？我完全找不到自己的熱忱。

意亂，自己的命運自己開拓」視為美德。一開始就很幸運的人，容易採取保守的態度。相反的，不跟其他人比較，懂得自省、好好審視自我的人，能夠持續肯定自己的人生。尼采認為，有辦法接受自己的缺點，持續提升自我的人，有機會成為超人，在新時代發光發熱。

不比較，把重心放回自己身上

05 過度在意有解方

若人生無法隨心所欲，會讓自己在不知不覺中累積壓力。

尼采說，熟稔「權力意志」的人，才有辦法在虛無主義的時代活下去。而權力意志也可以說是生命的泉源，是「想擴張更多力量」的能量。不過就算再怎麼推崇擴張自己的力量，現實社會中我們沒辦法只為自己著想。跟家人、同事、朋友來往時，總會遇到必須讓步的時候。但如果那時輕忽與他人關係的重要性，絕對會讓生活出問題。即便如此，尼采所提出的概念，依然可以應用到現代生活中。那就是，

過度在意反而身心俱疲

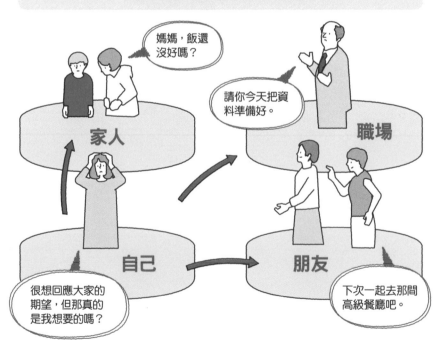

學會不要過度重視與他人的關係，重點在於**自身與外界的平衡**。確認一下自己有沒有被「必須回應他人期待」的背後世界給束縛住了。如果你「不知道自己想做什麼」、「沒有前進的動力」，最好重新審視一下現況。肯定自己，並巧妙處理與他人的關係，理當才是最佳的狀態。

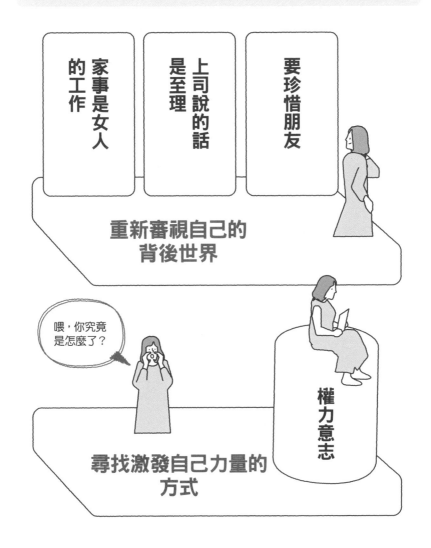

捨棄「只要回應他人期望，就能幸福」的想法

的工作
家事是女人

是至理
上司說的話

要珍惜朋友

重新審視自己的
背後世界

喂，你究竟
是怎麼了？

權力意志

尋找激發自己力量的
方式

06

尼采哲學的生活應用

06 面對逆境的陽光思考術

無法忍受現實時，了解尼采強而有力的生活態度，可以獲得力量。

想像因永劫回歸使人生不斷重複時，有多少人會覺得「重複再多次也願意」？至少**人生路上厄運連連**的人，應該會認為「怎麼會有人想不斷重複一樣的人生」。但思考出永劫回歸概念的尼采，人生卻充滿著苦痛，像尼采的父親是家中經濟支柱，卻在35歲就離開人世，或是尼采推出很看好的處女作，卻備受批評。此外，尼采的健康狀況長期欠佳，大學的教職也持續不久，加上與真命天女的戀情破滅，以及交出自信滿滿的作品，銷售卻慘淡到不行。另一方面，尼采在名聲高漲之

逆境正是測試心理素質的時刻

前就逝世了，但是他所留下的作品數量之多，很難想像他的身體狀況其實並不好。雖然厄運的確是接踵而至，但關鍵就在於自己怎麼解讀。只要改變思維，就可以像尼采一樣活得積極正向。「不要覺得自己很不幸、已經走投無路了。別讓偏頗的想法束縛了自己」、「養成面對艱難低谷，也能正向思考的習慣」，把這些概念謹記在心吧。

如何擺脫人生的「後悔感」？

不要再對過去的選擇感到懊悔，重點在於接受做出那個選擇的自己。

從大學入學考試、找工作、大型專案的流程、人際關係，到今天的晚餐等等，人生就是一連串的選擇。從起床到就寢，我們在這段時間，無意識地做了非常多的選擇。每個人應該都幻想過「如果那時做了不一樣的選擇，我現在會是什麼樣子」。無論是升學、居住地、選擇伴侶等等，一個選擇可能會讓人生有巨大改變。如果只是想想無傷大雅，但萬一真心覺得「如果當時那樣做就好了」，就不是什麼好事

人總是對過去的選擇感到後悔

了。因為就尼采來看，就算能回到過去，也無法做出不同的選擇。理由是人在做重大決定時，總是窮盡各種手段，想做出最好的選擇。畢竟，隨著時間過去，從**現今的觀點**來看，能夠判斷出哪個是最好的選擇，但過去的自己不知道什麼才是最佳解，所以那個選擇可以說是必然的結果。因此，現在可以做的，就是接受自己做出的選擇，以及積極正向地解讀過去和現在。如此一來，便可以不怨恨過去的自己，熱愛命運，進而積極地肯定自己的人生。

接受過去的選擇，不要感到悔恨

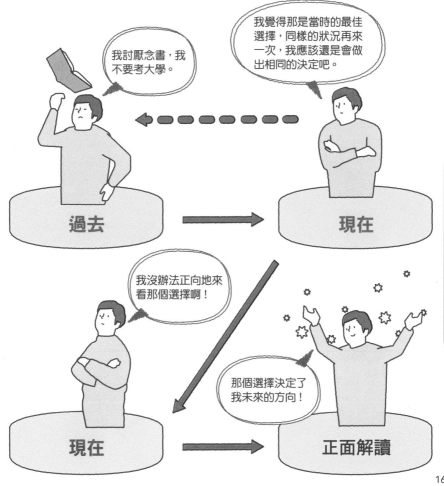

08 克服害怕被關注的心理

找出可以讓自己充滿活力的事情，避免成為現代末人。

尼采創造出末人，也就是最後之人的概念。用現代的用語來說，末人是「不喜歡惹人注意、怕事，沒有目標，坐等時間流逝的人」。雖然能理解「找不到活著的意義和價值，又不想跟討厭的事情扯上關係」的想法，但過分壓抑而失去自我，讓人感嘆不已。因此，想要改變不想引人注目的想法，讓每一天都過得很充實，最好的方法，就是以成為超人般、充滿權力意志的人為目標。為此，重要的是，仔細觀察自

不引人注目是處世之道？

引人注目
一點好處
也沒有。

A這個人
真討厭。

靜等風浪平
息好了。

喂，你表演個
好笑的東西來
看看。

己，可以從什麼事情當中獲得成就感。只要了解自己在什麼時候會心情愉快，去做那件事情時，應該就不會在意別人的目光了。畢竟，如果「不想引人注目」的想法過於強烈，遲早會產生「自己其實很厲害」這種怨恨的情緒。重點是，不要怨恨或迴避強者，努力讓自己常保心如止水。做不好也沒關係，只要充分利用權力意志，讓每一天都過得活力滿滿，人生一定會變得充實快樂。

去做讓自己有成就感的事情

壓抑自我過生活。

我其實很厲害。

那傢伙根本不算什麼！

不想引人注目 ➡ 變成充滿怨恨的人

我想全心全意打棒球。

擴張力量真是快樂，想要更多、更多的力量。

讓自己快樂的行為 ➡ 成就感（權力意志）

尼采的經典名言⑪

往你腳下踩的地方
往下深挖！
在那底下
有泉源！

《歡悅的智慧》

人生總會遇到失去信心的時候。如果努力得不到回報，期待的事情一個也沒實現，人會飽受無力感的折磨。那個時候會覺得自己一事無成，感覺就像沒了血色。

但尼采卻說，你的底下有泉源。即便覺得自己一無所有，但其實每個人都擁有驚人的力量，光是活著

從這裡往下挖，就會湧出泉源嗎？

就很了不起了。但人之所以感覺不到那股力量，是因為受到虛構價值觀的束縛，不把自己的力量當作一回事。你是不是也覺得「不成功便成魯蛇」，「沒有財產、缺乏社經地位、單身很丟臉」？雖然權力意志是「想擴張更多力量」的根源，但重點在於這股力量指向的方向。即便至今仍未成功，只要志在成功，就會湧現力量。只要不逃避現實，不欺騙自己「有沒有成功根本無所謂」，力量就會源源不絕。

　　尼采就是飽受苦難折磨，也堅信自己信念的人。尼采是個聰明人，如果只是為了追求名聲，他大可撰寫能獲得學術界好評的著作，或是寫一本「淺顯易懂，任何人都看得懂」的暢銷書，但是尼采卻沒有那麼做。他順從自己的權力意志，把所有的精力都投注在寫作上頭。

　　從尼采寫下的文字，能感受到他精神崩潰之前，持續發表作品的熱情。

尼采的經典名言⑫

不折不扣、
毫無例外地
肯定世界本來的樣子，
達到如酒神般
斷言稱是的境界。

《權力意志》

想一想，生命的價值，到底是什麼？有的人透過宗教尋求解答，有的人從道德中尋找意義。而尼采則是從人類肉體所擁有的生命力中，探求人生的意義。不過，「生命力」，也就是「權力意志」，並非充滿秩序、理性的東西，而是「陶醉」、「情緒」、「欲

望」、「恍惚」，甚至可以說是充滿混亂的力量，也很可能是造成問題的原因。就像是情緒會使人跟人之間引發衝突，權力意志也有可能會讓人走向悲劇。

在《悲劇的誕生》當中，尼采將那股力量，稱為「酒神精神」。而在希臘悲劇裡，酒神精神導致了出乎意料的結果。即便如此，尼采依舊認為，肯定人類最原始的力量，正是希臘悲劇有趣的地方。尼采可能認為，接受並肯定這個世界原本的樣貌，可以為人類帶來最好的結果。

不過，過去人類的發展，一直以來都否定「本來的樣貌」。因此，採取行動時考量共同體的利益，有邏輯地推進科學進步，依據理性採取行動。甚至為了維持秩序，使充滿怨恨的奴隸道德蔓延。但尼采說，隨著時代的變化，那樣的情況會徹底翻轉。所以不要害怕，大膽肯定自己赤裸裸的欲望吧。因為去除所有噪音稱「是」，能為生命帶來燦爛的光輝。

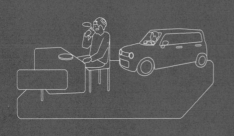

07

Chapter

尼采哲學超圖解
鍛鍊生命力的
66個尼采哲思

重返尼采的人生，
理解大師思想

針對某些類型的哲學家，了解他的生平後，可以幫助我們理解其哲學思想。而理解尼采坎坷的人生後，應該能深刻體會到「肯定人生」的重要性。讓我們回顧尼采的一生，想像一下尼采哲學誕生的瞬間。

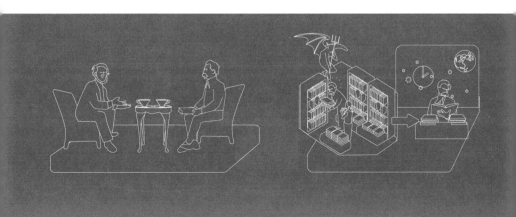

01
出生於牧師家庭，24歲成為教授

即便失去了父親和弟弟，他依舊在學術界嶄露頭角。

1844年10月15日，尼采出生於普魯士王國（現今的德國）。尼采其後成為了基督教的批判者，但他生於牧師世家，父親卡爾和母親法蘭契絲卡都是牧師，父親卡爾則是一位**新教**牧師。尼采誕生之後，弟妹接續出生，一家人幸福洋溢。然而，厄運卻突然找上尼采一家人。尼采5歲的時候，父親在大門口跌倒，頭部重創，因此年紀輕輕、35歲就離開人世。然而尼采一家的厄運不止於此。父親過世後，他的弟弟約

牧師父親和弟弟驟逝

☑ 父親卡爾

新教牧師，35歲便離開人世。

☑ 弟弟約瑟夫

父親死後，於2歲時病逝。而尼采在弟弟去世前，曾夢見不祥之兆。

父　弟

☑ 妹妹伊莉莎白

曾干涉哥哥的人際關係，但是在母親死後，照料哥哥的生活。

☑ 母親法蘭契絲卡

生於牧師世家。極力反對尼采中斷學業。

☑ 尼采

干涉 ➡　憂心 ➡

妹　母

瑟夫隨後於2歲時病逝。在那之後，他們一家搬到祖母家。尼采14歲時進到名校普夫達學院就讀，於1864年、20歲畢業後，進入波昂大學深造。尼采當初選擇鑽研古典語言學，以及跟雙親職業相關的神學，然而某天他突然放棄了神學。他母親知道之後極為憤怒，但尼采很快就在古典語言學界嶄露頭角。忠貞愛國的尼采曾一度加入軍隊，其後他以24歲年輕之姿，受聘為**巴塞爾大學**的特聘教授。

才華洋溢的年輕教授

☑ 成為巴塞爾大學的特聘教授
才能獲得認可，年紀輕輕就破例得到教授職。

24歲

23歲

☑ 加入軍隊，隸屬騎兵大隊
雖然在軍隊也很優秀，但之後因受傷而除役。

20歲

☑ 進入波昂大學深造
發揮古典語言學的天賦，其後轉至萊比錫大學就讀。

14歲

☑ 進入名校普夫達學院就讀
尼采在紀律森嚴的學校，為自身的學問打下基礎。

02 受到叔本華的啟發

進入大學就讀的尼采，於21歲時，命運般地邂逅了叔本華的著作。

進入波昂大學就讀的尼采，因恩師**里奇爾教授**（Friedrich Wilhelm Ritschl）轉任至萊比錫大學，也跟隨著轉至該大學就讀。在轉學那年的年底，尼采遇到了改變他一生的事情，那就是與叔本華的著作**《作為意志和表象的世界》**相遇。尼采回想道，「那天，我在二手書店發現了這本書，對我來說那是全新的未知世界，我把書拿在手上不斷翻閱。不知道是哪來的惡魔，不斷在我耳邊呢喃著『你把這本書帶回去

在二手書店與命運邂逅

把這本書帶回家吧。

這本書⋯實在是太精彩了。

叔本華的著作《作為意志和表象的世界》

21歲的尼采

吧』。」尼采說，他平常買書都會想一想，但那天卻毫不猶豫就把書買回家，接下來兩週，他安排自己晚上兩點就寢、早上六點起床，讀那本書讀到廢寢忘食。而《作為意志和表象的世界》的主旨是，人盲目的生命意志，會引發「想摸、想聽、想看、想吃」等欲望。但資源有限欲望無限，導致欲望無法獲得滿足，因而產生痛苦。尼采在21歲時，與叔本華的著作相遇，獲得了深思世界和生命的機會。

叔本華提出「盲目的生存意志」

07
重返尼采的人生，理解大師思想

03 與音樂大師華格納 成為忘年之交

尼采與他敬愛的華格納結識，兩人的往來影響了尼采的作品。

除了叔本華的著作之外，還有一個讓尼采心醉神迷的東西，那就是**華格納**的音樂。華格納是德國著名作曲家，婚禮上常用的結婚進行曲，就是華格納歌劇《羅恩格林》的劇中曲目〈婚禮合唱〉。尼采於24歲時，聽了華格納歌劇《紐倫堡的名歌手》的前奏曲後，在他寫給友人的書信裡這樣描述：「我感動到全身起雞皮疙瘩，震慄的感覺從來沒有持續這麼久過。」某天，尼采的友人送給他一封便箋，上頭寫道

跟華格納意氣相投

「如果你想認識華格納，三點四十五分到咖啡館劇院來」。據說可以跟憧憬已久的人見面，讓尼采興奮不已，原本打算穿正裝赴約，但因為某些緣故只穿了件襯衫前往，他的內心很焦慮不安，「我穿這樣會不會太失禮。」但他似乎是白擔心了，華格納對尼采的哲學一見傾心，兩個人意氣相投。

在瑞士與華格納結為知音

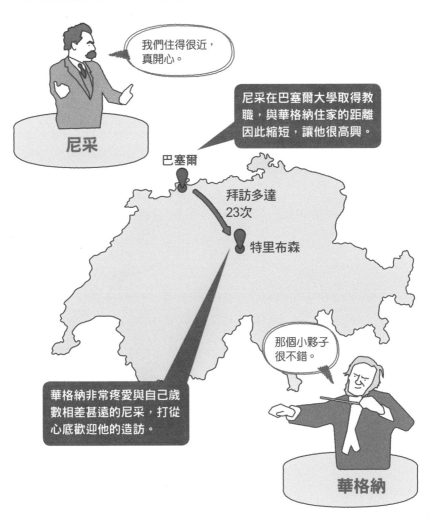

我們住得很近，真開心。

尼采

尼采在巴塞爾大學取得教職，與華格納住家的距離因此縮短，讓他很高興。

巴塞爾

拜訪多達23次

特里布森

華格納非常疼愛與自己歲數相差甚遠的尼采，打從心底歡迎他的造訪。

那個小夥子很不錯。

華格納

04

處女作受到學術界的嚴厲批評

在與病魔奮戰時撰寫而成的作品，受到學術界的嚴厲批評。尼采的獨創性自此獨樹一格。

在尼采當上巴塞爾大學特聘教授的隔年，普法戰爭爆發，他自願從軍擔任醫護兵。在軍中，他一人看護六名重傷患者，但因為隸屬的部隊痢疾和白喉肆虐，他也因此染病。因病除役的尼采，療養了好一陣子。回到職場之後，尼采因為後遺症和工作引發的精神壓力，身心變得脆弱，但是在那段時間，他以獨創的希臘悲劇論為核心，撰寫出《悲劇的誕生》。他在書中寫道「酒神式的狂喜陶醉，能夠減緩人生的苦痛」，然後以「在當代具體呈現出希臘悲劇精神的，就屬華格納

與病魔奮戰時極力創作

雖然我是醫護兵，但我自己也染疫了。

把吃苦當作吃補，這過程一定可以孕育出什麼…

普法戰爭 ➡ 創作

了」作為結論，但這本書受到學術界嚴厲的批評。就連恩師里奇爾教授，也評論尼采是「有天分的醉漢」。波恩大學的教授則是對尼采猛烈撻伐，批判「寫出這種東西的人學問已死」。尼采之所以受到嚴厲的批評，可能是因為書中讚揚當時名聲響亮的華格納，內容太過主觀，不被重視客觀性的語言學界所接受。而尼采的知音華格納，對這本書當然是讚賞有加。

初試啼聲，卻未獲好評

05 因健康欠佳,辭去大學教職

尼采的人生路上經常與病魔奮戰。辭去教職、離開大學後,尼采專心獨自思索。

由於著作《悲劇的誕生》受到嚴厲的批評,尼采當然受到嚴重的打擊。而且因為著作飽受惡評,選修尼采課程的只有兩個人(專攻語言學的學生為零)。尼采因此患上嚴重的頭痛,但是他不向困境低頭,還完成了《不合時宜的考察》。在《不合時宜的考察》一書中,他列舉「三種人物典範」,批判了德國文化。而其第四部的標題則是〈華格納在拜羅伊特〉,內容是在讚揚建設自身專用劇場——拜羅伊特劇

工作飽受批評,病情惡化

頭隨時都在痛…

受到學界的嚴厲批評

只有兩名學生…

頭痛不止

課程門口羅雀

場的華格納。撰寫第四部時，尼采因健康因素，暫時離開大學，療養了一年。其後，於1878年出版《人性的，太人性的》，提出視角的概念。在那時，尼采跟原本相當親近的華格納變得疏遠。壓力大到瀕臨崩潰邊緣的尼采，眼疾、胃部不適和頭痛一齊找上門，便於1879年辭去了巴塞爾大學的教職。由於一年當中有三分之一的時間，身體都處在嚴重不適狀態，尼采因此以民間學者的身分，開啟了作家之路。

撰寫完兩本書後辭職

06 友誼的破碎

與華格納的緊密關係劃下了休止符，尼采面臨巨大變化。

雖然在《不合時宜的考察》當中，尼采對華格納大肆讚揚，但據說他當時可能就對華格納抱有不滿。備受讚賞的華格納，並不知道這件事，向尼采提出邀請：「為什麼你這麼了解我？請你一定要來**拜羅伊特劇場**觀劇。」然而，造訪劇場的尼采，在觀看正式排練後，中途離席了。尼采可能是看到，大談哲學、創作出底蘊深厚音樂的華格納，居然在討好上流階級，因而感到厭惡。尼采說，他逃離劇場之後，躲

對華格納感到失望

太失望了…
我要走了。

尼采原本鍾情於華格納有內涵的音樂，因此對他追隨流行的做法感到厭惡。

演出時中途離席

你說什麼？

其實我皈依基督教了。

對基督教反感的尼采，並無法理解華格納的行為。

華格納的自白

進巴伐利亞的森林，提筆撰寫了《人性的，太人性的》的草稿。書中顛覆了華格納深信的「藝術」和「真理」的價值。在那之後，尼采和華格納偶然相遇，他們彼此共度了時光，那時華格納向尼采坦承他皈依了基督教，尼采可能因此疏遠了華格納。1878年，華格納贈與《帕西法爾》（神聖舞台慶典劇）給尼采，尼采則送上《人性的，太人性的》，兩人的友誼劃下句點。

尼采和華格納正式決裂

07 失戀後提筆寫出——《查拉圖斯特拉如是說》

辭去大學教職的尼采，人際關係也不太順遂，越來越孤獨。同一時期，他孕育出代表作。

1882年，尼采透過友人**保羅・雷**（Paul Rée），結識了21歲的**露・莎樂美**（Lou Salomé）。莎樂美在之後也與詩人里爾克（Rainer Maria Rilke）和佛洛伊德有所交流，是個充滿魅力的才女，尼采被她迷得神魂顛倒。尼采把個人思想和永劫回歸的概念，毫不隱瞞地跟莎樂美分享。尼采認為莎樂美是理想的伴侶，向她求婚，但是對莎樂美而言，尼采是令人尊敬的哲學導師，沒有把他視為戀愛的對象。尼采不僅無法跟心儀的對象結為連理，跟親朋好友的關係也惡化，變得越來越孤

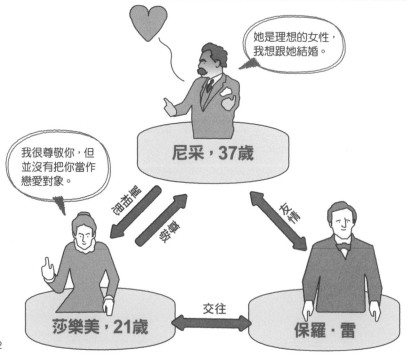

經歷了一段刻骨銘心的戀愛

她是理想的女性，我想跟她結婚。

尼采，37歲

我很尊敬你，但並沒有把你當作戀愛對象。

尊敬／求婚

友情

莎樂美，21歲

交往

保羅・雷

獨。同一時期，尼采完成了代表作《查拉圖斯特拉如是說》。尼采將《查拉圖斯特拉如是說》視為得意之作，甚至自評道「那是千年來的第一本書、未來的《聖經》，且深具爆發性，是攸關世人命運的人類守護神」，但是幾乎沒有人理解他。由於尼采找不到人出版《查拉圖斯特拉如是說》的〈第四部〉，所以他只能自費印刷40本，並分送7本給朋友。就像尼采所說的，《查拉圖斯特拉如是說》是「未來的《聖經》」，但當時人們還沒辦法理解他的思想。

痛苦孕育出得意之作，但銷售欠佳

再痛苦也要讓自己變堅強。

失戀依舊致力於創作

「永劫回歸」、「超人」…

這是我的得意之作。

完成《查拉圖斯特拉如是說》

這是我自費出版的書，請讀讀看。

書賣不出去只好送人

08 從精神錯亂到作品熱銷

深陷各種壓力的尼采，在精神錯亂之後，名聲水漲船高。

即便《查拉圖斯特拉如是說》不為眾人所理解，尼采也沒有灰心喪志。從1886年《善惡的彼岸》，1887年《論道德的系譜》、《華格納事件》、《偶像的黃昏》、《反基督》到1888年《瞧，這個人》，尼采以驚人的速度撰寫了多本著作。尼采認為格言體形式，可能是自身作品不為眾人所理解的原因，因此《論道德的系譜》是以一般敘述的形式構成。該作品也是尼采的哲學原典當中，被評為最適合作為入門的

多重打擊，使精神出現問題

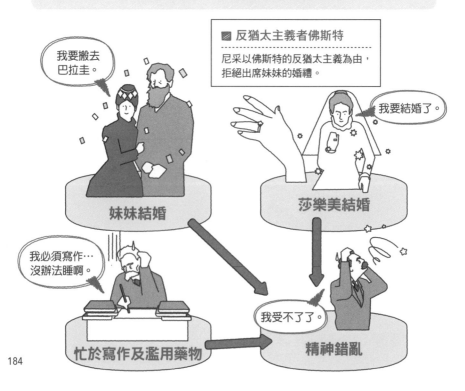

■ 反猶太主義者佛斯特
尼采以佛斯特的反猶太主義為由，拒絕出席妹妹的婚禮。

我要搬去巴拉圭。

我要結婚了。

妹妹結婚

莎樂美結婚

我必須寫作⋯沒辦法睡啊。

我受不了了。

忙於寫作及濫用藥物

精神錯亂

作品。然而，撰寫出許多著作的尼采，私生活卻是一連串的混亂。比如，尼采的妹妹跟知名的**反猶太主義**者佛斯特（Bernhard Förster）結婚，移居到巴拉圭。但尼采不認同反猶太主義，因此非常痛恨佛斯特。接著在1887年，尼采得知莎樂美訂婚的消息。受到社會中傷、為病情所苦的尼采，因為過度仰賴安眠藥和鎮定劑，精神狀態急遽惡化。1889年，尼采在散步途中，抱著被鞭打的馬痛哭，就此昏倒在地。尼采睜開眼睛之後，變成了**瘋癲之人**。諷刺的是，在那之後，尼采的作家名聲水漲船高。

1889年，變成瘋癲之人

這樣實在是太可憐了。

抱著馬昏倒在地

碎念碎念…

失常

這內容預測了未來。

實在太有獨創性了。

隔年名聲急遽上升

09 天才的落幕

尼采最終都不知道自己名聲大振，但是他毫不遲疑，持續肯定了自己的人生。

精神錯亂的尼采，直到最後都不清楚自己的名聲持續高漲。儘管如此，尼采的著作逐漸為大眾所接受。1891年，莎樂美投稿至《自由舞台》等雜誌，發表〈尼采論〉。1894年，百科辭典記載了尼采，稱他為「**文筆一流的作家**」。1896年，作曲家**古斯塔夫‧馬勒**（Gustav Mahler）把尼采《查拉圖斯特拉如是說》的一小節改編為交響曲，原本還想將之取名為《歡悅的智慧》。同一年，日本的雜誌首次介紹了

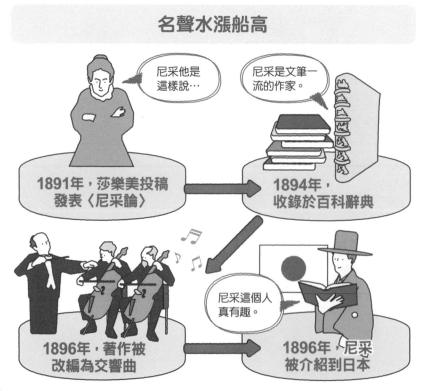

名聲水漲船高

尼采他是這樣說…

尼采是文筆一流的作家。

1891年，莎樂美投稿發表〈尼采論〉

1894年，收錄於百科辭典

尼采這個人真有趣。

1896年，著作被改編為交響曲

1896年，尼采被介紹到日本

尼采的文章。就在尼采的名聲高漲之際，一直以來照料尼采的母親於1897年撒手人寰。在那之後，改由尼采的妹妹伊莉莎白照顧他。不久後，尼采於1900年8月25日辭世，葬於故鄉。尼采精神錯亂前，在《瞧，這個人》中寫道：「我怎麼有辦法不對自己的生涯心懷感恩？」默默無名，罹患重病，人際關係也不順遂的尼采，以自己開創的哲學，持續肯定了自己的人生。

肯定充滿苦難的人生

你可真是厲害。

不了解自己名聲遠播

之後我會照顧你的。

母親辭世

1900年長眠

我怎麼有辦法不對自己的生涯心懷感恩？
——《瞧，這個人》，1888年

尼采哲學超圖解

每日5分で学ぶ史上最強の哲学「ゼロ」からの教え！
ニーチェの哲学見るだけノート

作　　者　富增章成
譯　　者　謝敏怡
主　　編　呂佳昀

總 編 輯　李映慧
執 行 長　陳旭華（steve@bookrep.com.tw）

出　　版　大牌出版／遠足文化事業股份有限公司
發　　行　遠足文化事業股份有限公司（讀書共和國出版集團）
地　　址　23141新北市新店區民權路108-2號9樓
電　　話　+886-2-2218-1417
郵撥帳號　19504465遠足文化事業股份有限公司

封面設計　萬勝安
排　　版　藍天圖物宣字社
印　　製　中原造像股份有限公司
法律顧問　華洋法律事務所　蘇文生律師

定　　價　390元
初　　版　2023年1月

MAINICHI 5 FUNDE MANABU SHIJO SAIKYO NO TETSUGAKU「ZERO」KARA NO
OSHIE！NICHIE NO TETSUGAKU MIRU DAKE NOTE
by
Copyright © AKINARI TOMASU
Original Japanese edition published by Takarajimasha, Inc.
Traditional Chinese translation rights arranged with Takarajimasha, Inc.
Through AMANN CO., LTD.
Traditional Chinese translation rights © 2023 by Streamer Publishing,
a Division of Walkers Cultural Co., Ltd.

電子書E-ISBN
9786267191507（PDF）
9786267191514（EPUB）

國家圖書館出版品預行編目（CIP）資料

尼采哲學超圖解 / 富增章成作；謝敏怡譯 . -- 初版 . -- 新北市：大牌出版：遠足文化
發行 , 2023.01
192 面；14.8×21 公分
ISBN 978-626-7191-52-1(平裝)

1.CST: 尼采 (Nietzsche, Friedrich Wilhelm, 1844-1900) 2.CST: 學術思想 3.CST: 哲學

147.66　　　　　　　　　　　　　　　　　　　　　　　111019341